ヤマケイ文庫

岩壁よ　おはよう

Hasegawa Tsuneo　長谷川恒男

Yamakei Library

岩壁よ　おはよう　目次

もくじ

二十六歳〜

フォーマットデザイン　岡本一宣デザイン事務所
カバーデザイン　相馬敬徳（Rafters）
カバー写真　小椋成人
本文組版　㈱千秋社
校正　與那嶺桂子
本書は、１９８４年に中公文庫から刊行された『岩壁よ　おはよう』を底本に、再編集したものです。
原則として当時のデータを踏襲していますが、一部修正しています。

長谷川恒男グラフィティ

幼少時代（年代不明）。
中央が恒長谷川

1963年、15歳。丹沢にて

高校生時代。年代は不明

16 歳で初めての八ヶ岳へ。1964 年と思われる

1967年2月、雪の丹沢・ザンザ洞を登る。19歳

鷹取山でクライミング。1967年4月、18歳の頃と推定

1967年9月、谷川岳一ノ倉沢衝立岩
ダイレクトカンテで

1968年3月、八ヶ岳広河原沢奥壁一
ルンゼへ。右は大森信治

1969 年 2 月、谷川岳一ノ倉沢衝立岩で転落した直後、マムシ岩でトレーニング

1969 年 8 月、北岳バットレス第四尾根を登攀。中央が近藤幸子、右が金坂利一

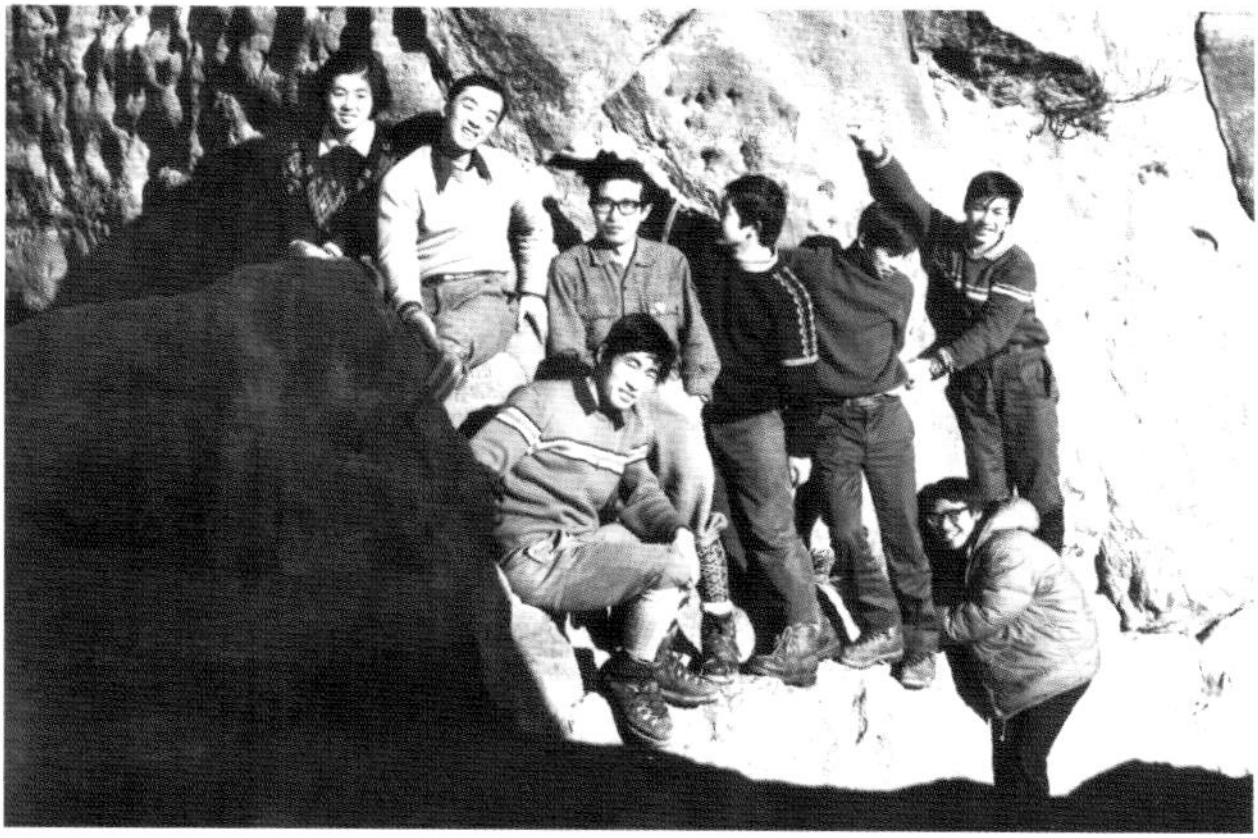

1971 年、鷹取山で「星と嵐」のメンバーと。長谷川は中央前列

1972 年 3 月、谷川岳一ノ倉沢衝立岩中央稜。長谷川は左

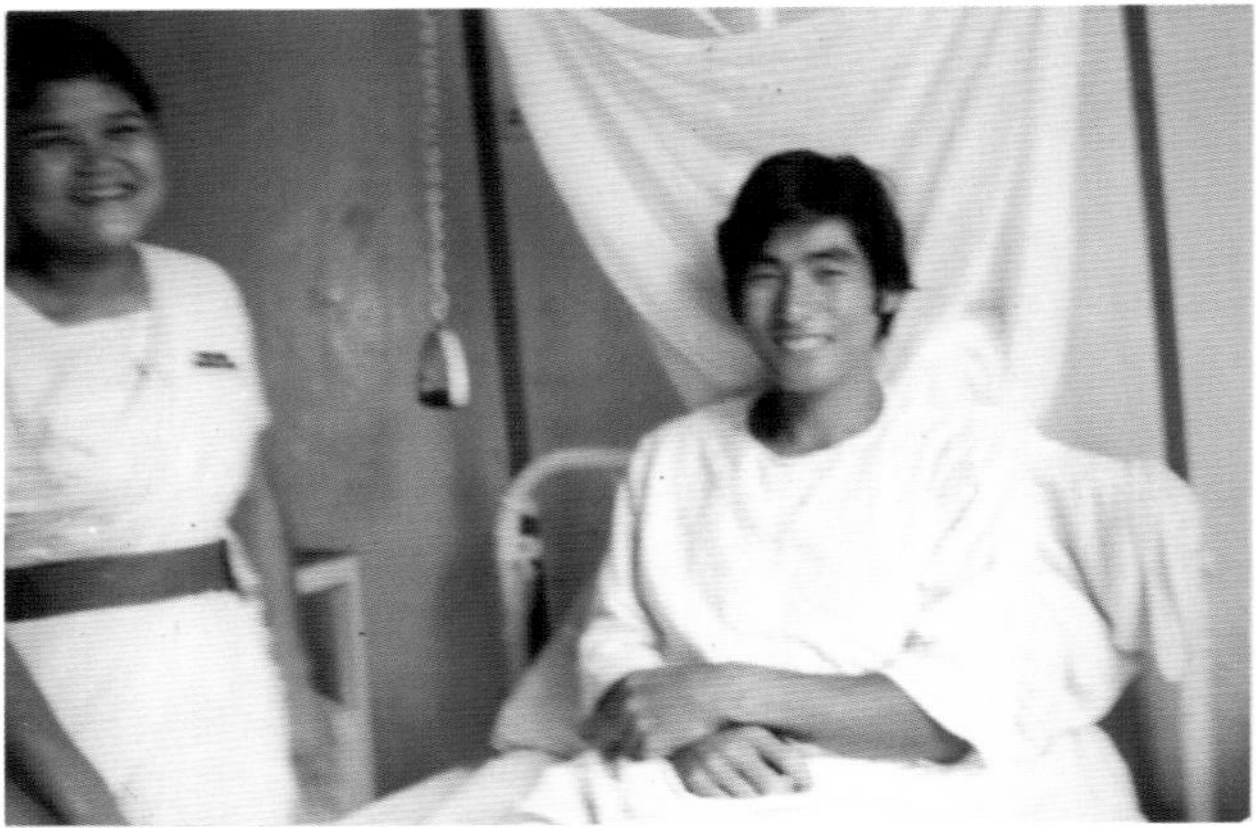

1973年、第二次RCCエベレスト登山隊に参加。肝炎でカトマンズの病院に入院の写真

1974年3月、荒沢岳奥壁第1岩峰で

十五歳〜

私にとっての十五歳はなんだったのだろう。まず勉強ぎらいであった。だから社会に出てホッとした。と同時に、何かやらねばという不安があった。そんな時、兄に連れられて登った丹沢で、自然との触れ合いに感動し、フラフラと山の世界に迷い込んで行った。

はじめての丹沢

昭和三十八年初夏

山百合の咲く季節だった。

ぼくは山好きな兄、博と兄の友人の千田さんに誘われて、はじめて丹沢に行った。横浜の家を出発した時は、もうすでに夜だった。兄たちの勤務が終わってからだから、十時ごろだったにちがいない。

ジーパンにズック、上は御徒町で買った米軍用のジャンパーという軽装で、ぼくたちは終電に近い相鉄線に飛び乗った。

三歳上の兄は山が好きで、ぼくが中学生のころから夜行でよく山に行っていた。両親はそんな兄の行動を心配して批判的で、よく必死で山行きをやめさせようとしていた。ぼくもそんな両親の意見に賛成で、「兄貴、両親があんなに反対しているのに、どうして山に行くんだ」とくってかかったこともあった。しかし、兄は平然として、山へ行き続けていた。そしてぼくが中学を卒業するのを待っていたかのように、「ツネ、山へ行かないか」と誘ってくれたのであった。

ぼくは兄の山行きに反対していたにもかかわらず、そんなに兄をとりこにしている山というものに好奇心を感じ、はじめての山行きとなったのだった。

渋沢駅で降り、四十八瀬川にむかった。ぼくは夜道を歩くのははじめてだから、うれしくてしかたがない。拾った棒切れで道標をたたいたりして楽しんでいた。兄はそんなぼくを注意する。

「ツネ、もし道標が曲がったらどうするんだ」

「ごめん」

とぼくはつぶやくが、弾んでいる心は、そんなことをすぐ忘れさせていた。

四十八瀬川の二俣に着くと、テントを張った。渓流と一メートルと離れていない場所だったから、そのせせらぎがうるさくてしかたがない。はじめてのせいもあるが、ほとんど眠れない。ウトウトしてはハッと目を覚ます、うるさいなあ、と思っているうちにまたウトウトするという繰り返しであった。

やっと朝になった。天気は快晴。素晴らしく新鮮な空気を胸いっぱいに吸いこんだ。千田さんが炊いてくれた飯盒のご飯は芯があり、焦げていた。ぼくがそのことをいうと、千田さんは、

「山はガンタ飯でいいんだよ」

と笑った。(こういう食事をしないと山はやっていけないんだなあ、すごいなあ)とぼくは妙

に感動してしまった。芯のあるご飯に、味噌汁の朝食をとり、にぎり飯を作って、兄たちは歩き出した。

速い。荷物を担いでいるのに、兄と千田さんの歩くのが速い。ぼくはそこでまた感心した。もたもたしている閑はない。必死で追いつこうとした。坂道を登っていると、足元の石が下にゴロゴロ転がっていった。(こいつはおもしろい!)ぼくはそこらじゅうの石を足にかけては下に落としていった。上から兄の怒鳴り声。

「こら! 山で石を落としちゃいけない。下に人がいたらどうするんだ」

(山男って、意外に良識があるんだなあ)

ぼくは、ガンタ飯を平然と食べ、道標を叩いたり、石を落としたぼくを叱る兄貴に何か目に見えないたくましさを感じた。

後沢乗越を過ぎ中山峠へ向かう途中、ウンコをしたくなった。

「兄貴、ウンコしたいんだけど……」

「おう、どこでもいいからしなよ、待っててやるから」

あたりを見まわすと、背の高さぐらいの草むらがあった。分け入ると、ムッとする草いきれ。ぼくはそこでズボンをおろした。ぼくの姿はその草むらにかくれて見えない。上を見上げれば青い空に白い雲。涼しい山の風が背の高い草をそっとなでていく。

（いい気持ちだなあ）

ぼくははじめての野グソにまたまた感動してしまった。ふと見ると、しゃがんでいるぼくの目の上に百合の花が咲いていた。そしてその美しさもさることながら、その花弁の蜜を吸うあげは蝶が数羽舞っている。

（山っていいなあ……）

心からそう思った。ジーパンをあげベルトをしめ直すと、その百合を茎の部分から折り、手に持って兄の後を追った。その百合をまた蝶が追い求めて舞う。ますますぼくの心は自然の素晴らしさにひかれていった。

前の晩、眠れなかったことなど忘れ、まるで躍びはねるように、峠を越え、とうもろこし畑を過ぎ、渋沢の駅へと戻った。

はじめての丹沢は、ぼくに子供のころを思い出させた。小学校のころ友だちと畑を通りぬけ、坂をあがり、延々と歩いたこと。小遣いをもらうとアメ玉を買い、知らない町へ大遠征したこと。疲れたらアメをしゃぶり、水道を見つけると水を補給したことも、丹沢からの帰り道で、思い出した。

「山っておもしろいなあ。また行きたいなあ」

兄にそういうと、意外にも兄は、

「決して一人で行っちゃだめだよ」

と鋭く諫めた。その口調から、ハイキングとはいえ、決して自然をあなどってはいけないということを、中学を卒業したばかりのぼくは教えられたのであった。

雪の丹沢

昭和三十九年正月

兄にはその後何回か丹沢に連れていってもらった。しかし、兄は次第に仕事が忙しくなっていたので、十六歳になると、ぼくはひとりで丹沢を歩きはじめた。「絶対に一人で行くな」といっていた兄もそのころには何もいわなくなり、暗黙のうちにぼくの山行きを許すようになっていた。単独行といっても最初は兄といっしょに行ったコースを歩くだけだった。そして、昭和三十九年元旦、ぼくは雪の丹沢にはじめて出かけることにした。

正月の雑踏で賑わう横浜駅から海老名行き急行に乗り、海老名から大秦野へ。午後五時過ぎに横浜を出たから、もうあたりは真っ暗。バスを蓑毛で下車したが、登山者はぼくひとりであった。持っていったバナナを一本食べ、リュックからランタンをとり出して出発した。

風は冷たいが、厚着のせいか気分が悪く、五分後にキルティングを脱ぎ、軽装になった。（調子が出るまでのんびり行こう）

いっぱしの山男気どりで夜道のヤビツ峠を越え、ダラダラ道を下っていった。後ろで人声がしたが、どうも人ではない。笑いながら鳥が追ってくる。気味が悪くてはや足になったりゆっくり歩いたりすると、鳥もそれにしたがってついてくる。鳥の声に慣れたころ、札掛に着いた。九時半だった。薄気味悪かったが、なんだか自信のようなものがわいてきて、ぐっすりと山小屋で眠った。

翌朝五時起床。山盛りのご飯、卵、味噌汁という朝食をすませ、六時にまだ暗い長尾尾根を登りはじめた。雪をかぶった三ツ峰が見え、素晴らしかった。そのうち、雪が足元にも見えはじめた。狭い雪道を登りながら、ぼくの心ははずんでいた。

もう何回か来ている塔ノ岳を過ぎ、竜ガ馬場で昼食をとった。そのころから足元の雪はますます多くなり、深い所で二十センチ以上となった。途中で一緒になった人はピッケルもアイゼンも持っていてうらやましかった。凍った坂道などでは、四本爪のアイゼンか金カンジキがほしいと思った。その人とは蛭ガ岳で別れたが、予定の時間をオーバーしてしまったので、ぼくは蛭ガ岳から臼ガ岳までピッチをあげ、日の暮れまでに金山乗越まで行こうと決心した。そして登り下りの激しい道筋を猛スピードで突っ走った。

予想通り、金山乗越で真っ暗になった。ぼくはランタンもつけず、夢中で山小屋へ急いだ。泊まる予定の青ガ岳山荘は樹木の中に隠れていて、灯が見えない。（通り過ぎたんじゃないだろうか）不安はぼくの少し弱った神経を襲った。

休むと眠くなる。このまま寝たら死んじゃうぞ、と自分にいい聞かせ、また歩き出す。汗が額といわず、顔全体からふき出るようだ。毛糸の手袋のかわりの軍手も雪を摑んで以来、ビッショリであった。

突然青ガ岳山荘が見え、ぼくは冷たい軍手をしたまま、額の汗をふいて山荘に入った。時計を見ると、まだ六時半。予定通りの到着だったが、その間の焦燥感は例えようもなく、やはり単独行初体験の弱さが出ていたようである。

山荘で水をもらい、食事の支度をする。周りの人達は食事を終え、寝る用意をしている。その人達の残したスープがやけにうまそうに見える。ぼくはラーメンを作って食べたが、水が少ないのでしょっぱくて仕方がなかった。でもこうして食べるのも山男の条件だと思い、がまんして食べた。それから早々に横になったが、のどがかわいて眠れない。小屋の水を無断で飲み、さっきから気になっていたスープを一口ちょうだいしてみた。思ったほどうまくなかった。

翌一月三日は朝よりしんしんと雪が降っていた。ぼくは餅を焼き、醬油と海苔をつけて食べ、午前七時、山荘を出発、石棚山稜を下った。

雪はふわふわで、背中や頭は雪で真っ白。それにチョッキ一枚で下っているので、下から登ってきた人に、老人に見えた、と話しかけられたのはうれしかった。

小川谷から玄倉へ三時間。雪とともに歩く素晴らしさは例えようもない。

下降路を一時間半ほど迷ったあげく、やっとのことで箒沢に降りた。バスに乗ると、雪にぬれた体はポッポとほてり、気持ちがよい。

家にたどり着いたのは夜中であった。ぐったりと身体は疲れていたが、何か、目に見えない燃料に胸の奥深いところで火がついたような気がした。そして、その日以来、その火は決して消えることがなかった。

父、そして学校

昭和二十二年十二月八日、長谷川哲雄、コマツの次男として、ぼくは神奈川県愛甲郡愛川町半原というところで生まれた。

当時、父はメリヤスの職人で、中津渓谷石小屋キャンプ場近くの村の工場に職業訓練の指導員として招かれ、そこでぼくが生まれた。小学生の頃家族で訪れたとき、ぼくの生まれた家は座利山山荘という名の旅館になっていて、生まれた部屋のあとは大きな風呂に改造されて、半分側にふなやどじょうが泳いでいた。

やがて、技術を地元の人に教え終わると父の役割は終わった。その後、行商などを続けているうちに、靴屋として、横浜市西区久保町のニコニコ商店街の中に店を持つようになった。そして、近所の子供といさかいがあるたびにぼくはいつも、「商人の子だからガマンするんだよ」と言われて育てられた。

父は戦前の山屋で、横浜山岳会の会員であった。そして写真が好きだった。現像も自分でできたから、山の写真をたくさん持っていた。

しかしぼくは、父の山の話はほとんど聞いていない。ただ、富士山のまわりの山はほとんど登ったけれど、ハイキング程度だよと笑っていたのを覚えている。また仲間と、陣馬山山頂の道標を建てたり、塔ノ岳の山小屋の資材を運んだとも話していた。姉や兄の方がもっと詳しく聞いているにちがいない。

ぼくはダメな子供、ダメな次男坊だった。いま流行の言葉でいえば落ちこぼれで、勉強嫌いの子であった。

なぜ、ぼくが勉強嫌いになったのかといえば、話は簡単だ。何回かの失敗によってダメな子供の烙印を押され、その繰り返しで、自分がダメな子供だと思い込んでしまったからだと思う。

たとえば小学生のころ、こんなこともあった。

国語の時間に、

「本を読める人、手をあげて」

と先生に言われて、ぼくは自信があったので「ハァーイ」と大声で手をあげた。さされて立ったまではいいけれど、読みはじめると、頭がカーッとなって縦に並んだ文字が見えなくなってしまう。

（あっ、どうしよう）

と思って、息づまってしまった瞬間、先生に、

「読めもしないのに手をあげるんじゃありません！」

ときびしく叱られてしまった。

国語を勉強するのが嫌いになってしまった。まして、このあと手をあげることなど一切しなくなった。

できないからやらないし、先生の方もぼくなんか相手にしない。ぼくも宿題などんにもやっていかない。往復ビンタの連続。ハンコをおデコに押されて、

「家に帰って、宿題やってまた学校に戻ってこい！」

と家に帰されてしまう。

家には両親がいるし、帰れなかった。土管の中で宿題をしたり、地面に丸をかいて、真ん中に棒を立て、太陽の影で時間を計算して学校へ戻ったりした。

家は商売をしていて、毎日夜遅くまで忙しい。姉や兄は自主的に勉強していたが、ぼくは次男坊だから、かわいがられるのを幸いに、ひとりで遊びほうけていた。

しかしダメ、ダメ、ダメの烙印を押されつづけていたぼくも、中学に入ったとき少しやる気がでてきた。それは先生によって、ぼくの違った得意な分野を見つけてくれたからであった。そして小学校では考えられなかったぐらい、成績のよい科目も現われはじめた。やがて柔道をするようになり、自分に自信がつくと、それまでの物おじ

した引っ込み思案な姿は消えはじめていた。

定時制高校に入って、また新しい発見をした。それはぼくが学校に行きたくて行ったことと、たんに成績だけで能力を判断するのではなく、発言し行動することによって互いの能力を認め合うことを知ったことであった。そして小学校で感じていた先生のえこひいきなどというものが、生徒間に反映しなかったことが、高校生活を楽しくしてくれた。そのため、三年の時はクラス委員や組長に選ばれたりし、結構忙しい高校生活をおくった。

柔道も初段になっていた。はじめた動機といえば、なんと小学校のときの先生への復讐だったくらいだから、いかにぼくの小学校生活は真っ暗だったかがわかる。そんなぼくが主体性を持ち、多くを考え、話し合えるようになったのは、中学を卒業して始めた山登りのおかげだったかもしれない。

山は自己表現だ。自分が一歩前へ進まなければ決して登れない。主体性がなければ何もできない。そういう意味で、落ちこぼれの子供がはじめた山登りは、ぼくの青春への出発点だったのかもしれない。

感激の八ガ岳

昭和三十九年冬

十六歳になって間もなく、ぼくははじめての遠出をした。会社の先輩といっしょだった。はっきりした日にちは忘れたが、とにかく二十三時四十五分新宿発の松本行き鈍行列車に乗ったのを覚えている。

当時は山登りの盛んな時であったから、車内に入ることすらできないほど超満員であった。それに突っ張り少年だったから、手動式のドアのところに立つと、ポケットビンのウィスキーをなめながら、冷たいすき間風にさらされて一睡もしないで茅野駅に着いた。朝六時のバスで八ガ岳農場へ行った。眠くて仕方がない。窓越しの日差しで体がポカポカしてくるし、ぼくはもう舟をこぎっぱなしで、座席前の手すりに何度も頭をぶつける始末だった。

あまりの痛さに目をさますと、目の前には八ガ岳が厳然とそびえ、思わずワーッと歓声をあげてしまった。冬山の美しさがもうぼくを魅了していた。

しかし体力のないぼくは、また居眠りをしてしまった。先輩にこづかれて八ガ岳農場で下車した。足元はもう雪。歩くとキュッキュッと音がして、とてもくすぐったい気持ちになった。いままで湿雪ばかり歩いていたので、こんなに乾いた雪ははじめてだったから、特にそう思ったのかもしれない。

一時間歩くと美濃戸口。沢へ下り、登りかえす。歩きながらも、眠くて仕方がない。そして荷物が重いし、身体もだるい。美濃戸へ着いて、山小屋で凍った野沢菜をつまみにお茶を飲むまで、ぼくはもうへとへとだった。八ガ岳農場製の牛乳も飲んだが、これもうまかった。お茶も野沢菜も無料だし、もうすべて感動してしまった。

美濃戸を出てすぐのあたりで、三角形の阿弥陀岳が見えた。真っ白で朝日に輝くその山を見て、

「わあ、マッターホルンだ」

と叫んでしまうくらい感激のしっぱなしだ。トコトコ歩いて昼過ぎ、やっと赤岳鉱泉に着いた。部屋に案内されて、コタツの中に入ると、もうグッスリ眠ってしまった。

夕方目を覚ますと、まわりが騒がしい。

「これが穂高式グリセード、これが剣岳式だ」

とさもベテラン風に講釈をしている人がいる。みんな真剣に聞いている。ぼくも陰からのぞき込むように聞き入った。(へぇー、すごいなあ)

翌日、ちょっとした斜面で試してみたりした。剣岳の話を聞けば、まるでぼくには

南極の話のように聞こえるし、見るもの、聞くものすべてが新鮮だった。後で知ったが、穂高式グリセードなんて存在しないことがわかった。

翌朝は吹雪だった。

先輩といっしょだったから、ぼくは何も心配しなかった。ビニロンのヤッケを着て、オーバーズボンをはき、その上から、オーバーシューズをはいてアイゼンをつけ、小さなザックに食料をつめて出発した。

赤岳鉱泉から中山乗越を越えて、行者小屋に着いた。小休止したあと、トレールの跡をたどってどんどん歩き出した。そのうち胸まで雪にもぐる樹林に入っていって、前方を歩いている人に追いついた。

「あんたたち、こんなとこ来ちゃダメだよ。この先は岩場があるんだよ」

その人にいわれて、ぼくたちは驚いてしまった。

(岩場だよ。参ったなあ)

あわててぼくたちは引き返した。胸までドボドボもぐっては、「写真撮って、写真撮って」と騒いだりしながら、行者小屋へ戻った。

床の間に置いてあった卵がコチンコチンに固まって動かない。きっと割れて黄身が凍ってしまったのだ。

（冬山ってすごいなあ）

またまた感動してしまった。

ピッケルを素手で持とうとすると、ヒタヒタと手にすいついてしまうのに驚いたのもこの時だった。

この八ガ岳大冒険の写真を、同窓会に持っていった。中学の担任だった田口先生にも見せたら、意外にも先生も山登りをしていたという。

「君が山をやってるのかあ。素晴らしいなあ。ぼくの持っているカモシカの尻皮あげるから、家に来なさい」

次の日曜日、ぼくは喜んで友だちの瀬戸亜紀雄を誘って、今井町の田口先生のお宅へうかがった。

先生は山の思い出話をして下さり、大切にしていたカモシカの尻皮をぼくに下さった。ぼくにとっては忘れられない思い出のひとつである。

それからぼくは、意気揚々と山行きに、その尻皮をぶら下げていった。

丹沢竜ガ馬場

昭和三十九年

興奮しっぱなしの八ガ岳から帰ってきてから、十六歳のぼくは自然の美しさにますます心が奪われていった。そして、それから何度も丹沢へ出かけた。

岩肌に咲く草木の名前を覚えること、夜空の星を眺めて星座を覚えることなども、山を知るひとつの糧だと思いはじめた。

塔ノ岳から竜ガ馬場を経由し、三ツ峰に行った時のことである。ほとんど夜行日帰りだったから、ひと晩じゅう歩いて、竜ガ馬場で毛布にくるまって星を見ていた。江ノ島に光が点滅し、秦野、厚木、横浜、そして遠く東京までが見えた。クリスタルガラスをちりばめたように美しかった。大自然の静寂の中で、たったひとり包まれて生きているような気がした。

朝が来た。身ぶるいするような寒さののち雲の中から太陽が昇りはじめる。あたり一面紫水晶のように輝きはじめ、それが次第に赤みを帯びてくる。その時の移ろい、自然界の成り立ち、そして身のまわりの草木一本一本が目覚めてくる息吹き。ぼくはたまらなく感動した。

蛭ガ岳に行った時もそうだ。

ひとりで歩くとおもしろい現象が起こるのを発見した。秋、落葉を踏みながら歩いていると、後から誰かがついてくる。もちろん夜の単独行だから、誰もいるわけもない。ふりかえっても何にも見えない。ただガサ、ガサという音が聞こえるだけだ。急ぎ足をするとガサガサガサとやっぱりついてくる。

こわかった。ふと気づくと自分の足音だった。枯葉を踏んだ瞬間は音がしないで、ワンテンポ遅れてその音が耳に届く。それがわかるまでは、冒険少年のぼくも恐怖で汗びっしょりになってしまった。

（これも知識だ。山を知る条件のひとつだ）

ぼくはどんどん山の知識を吸収しはじめた。しかし、アルピニズムなどとはまったく縁がなかった。アルピニズムはまさに高山に見える光明の真理の世界で、落葉を踏む音にビクビクしている少年にとっては初歩の初歩というものであった。

技術書も買った。そこには歩き方も書かれていた。しかし、十六歳のぼくの選んだ技術書は不満だらけであった。なぜなら、どの本も結論を出してくれないからだった。たとえば「道に迷ったらどうしたらいいか」について書かれていない。「道に迷わないように道標をよく注意して……」というものばかりであったからだ。

わかることといえば、服装を真似することだけだったかもしれない。黒い長ズボンをはいている写真を見れば、すぐそれを真似たし、足首のところで折り返せる耳のついた登山靴が紹介されていると、それがほしくなった。父に必死で頼みこんで、東京まで買いに行ってもらった。

ところが、ぼくがキャンプに行く直前に父が買ってきてくれた靴には耳がなかった、耳がない方が新型なのに。父の話によればサイズが大きいので耳の折り返しがついた登山靴はないというのだ。ともあれ、父が探して買ってきてくれたことに感謝することより、その耳のないことが悔しくて、ふてくされ、いらだつように家を出た。

その靴はキャンプ場でおき火でこがしてしまった。買ってもらったばかりの登山靴の先を焼いてしまった時、はじめて父の好意を理解した。それほど技術書による情報をきちんと守ろうとしていたのであった。そして何よりも古めかしいものを身につけることによって、ベテラン風によそおいたくて仕方がなかった。

地図も自分で買いはじめた。

最初は地図の折り方、方向の見方もわからず、兄に教えてもらった。地名も必死で覚えた。よくコースの途中で、「鍋割まであと三十分だな」という声を聞くと、ぼくは単純に（すごいなあ、よくわかるなあ）などと感心したことがあった。地図の見方でそれがわかるなどということも、新しい発見だった。

行く先はガイドブックより兄に相談した。もっとも相談しなければ行かせてくれなかったのだが。前回行ったコースを中心に、別の下り口に出てみるといった方法で、次々と新しいコースにチャレンジしていった。

交通費がない時は、山の支度を全部してから父にせびる。父のいない時は母に、という親不孝な子供だったぼくが、ピッケル、ハンマーの使い方、天気図のとり方、さらにはハーケンを打ったりアブミに乗ったり、岩場のルートのとり方などという高度な技術を知るようになったのは、それから一年後、日本コロムビアの山岳部に入った十七歳の時のことであった。

新茅沢で知った岩の魅力

昭和四十年春

昭和三十八年三月に横浜市立岩崎中学を卒業すると、ぼくは川崎市にある日本コロムビアに入社した。入った時はコロムビアに山岳部があることも知らなかったし、はじめて丹沢に行く前でもあったから、山に対してそんなに興味がなかった頃であった。

社内に山岳部があるのを知ったのは、となりの職場にいた先輩の安西博さんを知ってからである。後日、過激な岩登りをするはねっかえりのぼくをとても可愛がってくれた安西さんを通して、たくさんの人たちを知った。真中守さんもそのひとりだった。

昭和四十年春、真中さんは当時十七歳のぼくを新茅沢《しんかや》へ連れて行ってくれた。

十二メートルの大滝の前まできて、驚いた。はじめての岩登りだったからだ。ゴツゴツした岩肌がぼくの眼前に迫ると、思わずブルッと武者震いがした。何か、待ち望んでいたものに出会ったような、本物を見てしまったような気がした。岩の魅力にとりつかれる本能的な兆候だったのかもしれない。

ぼくはザイルの確保のしかたも知らなければ、カラビナのかけ方も知らない。そのくせこの岩を登りたいという衝動はぼくを激しく襲い、いまにもトップで登りはじめようとする自分の身体を抑えるのに、必死なありさまであった。

トップは真中さんのパートナーがやった。ところが五メートルほど登ったら、「ダメだ」といって下りてきてしまった。代りに真中さんが登り、上でザイルを確保してくれた。

「おーい、いいぞ」

真中さんの声で、パートナーの顔を見ると、行かないという。

「俺、行っていい？」

ぼくは訴えるように彼にいうと、無言で先に行くことを許してくれた。ぼくは登りはじめた。岩をしっかり摑む指に力がこもり、支える足が躍動した。

楽しかった。かつて経験したことのない興奮の中を、無我夢中で登った。この岩壁がたった十二メートルでこんなに楽しいなら、二十メートル、四十メートル、百メートル、千メートルとこの壁が続けばいいなあ。どんなに楽しいだろうと思った。

上に着くと、真中さんに思わず声を弾ませて言った。

「岩登りって素晴らしいですね」と。

真中さんは、ぼくの異常な興奮ぶりを優しいまなざしで見つめながら、無言でうなずいてくれた。

たまたま滝芯が細く、乾いた岩になっていたので登りやすかったのかもしれない。しかし、その時、ぼくは子供時代の崖を登ったり、木登りをしたときの本能のようなものが沸々と全身にわき、無心で登っていたに違いない。

それまで丹沢に来ていて、いつも頭の中で考えていた、「山の知識って何だろう」、「キャリアを積むって何だろう」ということが、徐々に氷解していくような思いがした。ザイルを使って、トップで岩を登るという人はとにかく凄いんだということがわかったのだった。

ぼくは真中さんを尊敬し、これからもずっとパートナーとしていっしょに山登りをしたいと思った。ところが真中さんは、それほど岩登りや沢登りに興味がないらしかった。しかし、ぼくにとって、この新茅沢の大滝のできごとは、山をますます好きにし、さらには技術を磨かせる大きなきっかけとなったのである。

新茅沢から帰ってから、ぼくは定時制高校の同級生である岡安にその話をし、彼と鷹取山《たかとり》で毎週のように岩登りの技術を磨いたのも、真中さんのおかげかもしれない。

そして安西さんに勧められ、勤務先の日本コロムビアの山岳部に入部したのは、入社して三年目の春だった。真中さんもメンバーだったが、社会人の山岳部は個人の好みを優先するところでもあったから、中には山の写真を撮る人、絵を描くために山へ登る人などさまざまであった。

しかし、ぼくの心はまるでガスに火がついたように、岩登りの魅力に熱く燃えはじめていた。そんな折、中村弘さんに出会った。

コロムビアの食堂ルームで、ある日山岳部のメンバーの会合があった。その時、何気なくシャルレのガイドモデルのピッケルを携えた人が入ってきた。背は小さいが、がっしりとした体軀、サングラスをかけ背広の着こなしも洗練されていて、全身に何より自信が溢れていた。

しかも当時、二十四歳。冬季の郡界尾根をトレースし、滝谷にP2フランケ霧峰ルートを作ったばかりだという。聞けば「霧峰の中村」といえば、横浜の山屋ではちょっとは知られている人だった。霧峰というのは霧峰山岳会のことで、横浜では横浜山岳会、ベルニナ山岳会、JCC（日本クライマーズ・クラブ）、蝸牛山岳会などとともに、当時屈指の山岳会であった。

ぼくは一目中村さんを見て、（カッコいいなあ。今まで見た山屋とはまったく違うタイプの人だ）と思った。

その中村さんが声をかけてくれた。

「ぼくはいつも鷹取山でトレーニングをしているから、キミよかったら、いつでもきなさい」と。

冬季登はんやルート開拓を実践し、絶好調にある中村さんの話の中には、高嶺の花であるアルピニズムというぼくたちを魅了する言葉が、何度も登場した。

天気図のとり方、その判断の仕方を教わるとぼくは毎日天気図を作り、中村さんのところに持っていった。同じ会社にこんな素晴らしい人がいるわけだから、ぼくはもう有頂天だった。

カラビナなども見せてくれた。山岳部の人たちの持っているのは鉄だが、彼のは軽合金。それも十枚以上も持っている。(すごいなあ)。中村さんのすべてに感動してしまった。

ぼくは職場の中二階に五寸釘を打ってオーバーハングを作り、毎日トレーニングをした。そして昼休みになると、中村さんがアブミの乗り方を教えてくれたり、山の話をしてくれた。

日常生活の中にそういう環境があったことに対し、ぼくはとっても会社に感謝したし、中村さんに対しては、いわれたことは何でも実践し、盲目的についていった。

(この人についていけば絶対山登りがうまくなる。この人の登山の判断は絶対だ。この人の判断に従って山で死んでも本望だ)

と本当に思った。そして山登りの方向が、歩くことからよじ登る方向へ移っていったのも、このころからのことであった。

〝ショッパ〟かった奥秩父

昭和四十年夏

十七歳の夏休み、ぼくはひとりで秩父に出かけた。当時のぼくにとって、一番大変だったのは荷物だった。五十キロもある荷物をまず会社の守衛所に持ちこむ。なぜ五十キロもあるのか、不思議な気がするが、初心者でもあるせいか、コンロは大きいし、コッヘルも大きな五人用、テント、シュラフ、雨具、毛布……どれもこれもつめこんでゆく。仕事が終わると電車に乗って、意気揚々と出かけるのであった。韮崎で下車、バスで増富温泉を経て金峰《きんぷ》山へ。ともかく重く、暑くて苦しかった。富士見平小屋でテントを張ったが、丹沢や八ガ岳で山小屋の雰囲気に慣れたせいもあって、山小屋の人たちにも気軽に話しかけることができた。

「こんにちは。テント張らして下さい」

などと声をかけたりして。お茶をごちそうになって世間話に花を咲かせては、一人前の山男の気分を味わっていた。

「ミズガキ山ってすごいですね」

「そうさ。あそこは岩登りをやるところだぞ」

「ぼくも少しやるんですよ」

懸垂下降などの話にも相づちを打ったりして、山の雰囲気を十分に楽しんでいた。

翌朝、中学の田口先生から貰ったカモシカ皮の尻当てを自慢気にふらふらさせ、重い荷物を背負い、金峰山頂をめざした。

気分は最高だった。誰にも負けない重い荷物を背負うことも誇りだったし、五丈岳では鎖を使わずにフリーで岩の上までよじったりして、いかにも十七歳らしく意気揚々だった。

大ダルミ小屋までその日は行くことにした。途中で三人の女性のグループに出会った。彼女たちもぼくのことを少年が一生懸命山を登っていると思ったのだろう、いろいろ話し相手になってくれた。彼女たちはシャクナゲ新道へ行くという。

ぼくは生意気にもアドバイスをしてあげた。

「気をつけて下さいよ。あそこはショッパイですから」

「ショッパイ？」

「ええ、山では辛いこと、大変なことをショッパイっていうんですよ。汗をたくさんかくでしょ、だから」

ぼくは得意になって少ない山の知識を披露した。

ぼくはテントに泊まり、彼女たちは山小屋に泊まった。

翌朝、行動を共にしたが、彼女たちと途中で別れ、ぼくは甲武信岳へ向かった。登り下りが激しく、それこそショッパイどころの騒ぎではない。ヒョウは降るし、山小屋にすぐ避難したのはいいが、調子に乗りすぎたバチが当たった。

入山以来、強い日差しの中をかっこつけて、日本手ぬぐいできつく鉢巻をしていた頭はガンガン痛くなるし、身体がまだできていないのに五十キロもの荷物を背負ったから肩はパンパンに張るし、持って行った食料の一部が腐り、それを食べたせいか、腹は下痢気味になってしまった。

もうガタガタであった。一人前の山男ぶっていたぼくも、元の十七歳の少年のようにめめしくなってしまっていた。

地図を見ると、戸渡り尾根から下りるのが早い。下痢のため休み休みはいずる思いで道を下り、やっと林道へ出た。林道でトラックに乗せてもらい、甲府まで行き、家に帰った。

下痢はますます激しくなり、赤痢ではないかと心配した母親が、腹痛もなく熱もないのに病院へ連れて行った。病院ではこの夏ワンゲル部のしごきで部員が死亡するという事件があり、しごきを受けたのではないかと疑われたが、大腸炎だと診断され、ぼくも母もホッとした。

食料に対する管理知識の不足が直接的な原因だった。炊き方もわからずに、やたら米とかパンとか腐りやすいものを一緒に持っていった食料計画では、所詮こんなところかもしれない。

「ショッパイよ」などとアドバイスして得意になっていたのが恥ずかしいぐらいしおれて、帰宅してからも、二、三日寝ているだけだった。

何かを求めに行ったのに、何も得ることのなかったこの秩父行き。何がアルピニズムなのか知らないころのことであった。

十八歳〜

岩登りを知ったときの、あの悦びと感動は忘れられない。そして中村弘さんとの出会いもまた強烈であった。ぎりぎりのバランス、リズミカルな動作。努力すれば自分にもできると思い、ぼくは岩登りに打ち込んだ。人の遭難、自分の転落……とにかく、多感な時期であった。

東丹沢の沢登り

昭和四十一年

中村さんとの出会い、鷹取山での毎週の岩登りトレーニング、日本コロムビア山岳部の仲間たちとの交流などを通じて、ぼくの山行きは岩登り、沢登りが多くなり、少しずつ、それらしくなっていった。

昭和四十一年正月、ぼくはコロムビア山岳部の松永清一さんといっしょに水無川へ出かけた。

渋沢駅に朝八時に集合し、大倉までバス。モミソ沢出合にテントを設営。昼食をとり、沖源次郎沢めざして出発した。源次郎沢出合から林道を通って本谷F６へ出た。

F１（二十メートル）では松永さんがトップで取りついた。ルートは右側、少しもろいが階段状になっている。ソロリソロリとザイルが伸びていった。松永さんのコールでぼくは登りはじめる。

F２（十五メートル）、今度はぼくがトップに立つ。左側から取りつき、バンドを右にトラバースし、中央部よりやや左側のクラックを登った。そして中段のかぶり気味の岩を越すが、ホールド、スタンスともにこまかく緊張した。が、何なく登り終え、松永さんを迎えたのち、上部の太い立木を利用して懸垂下降でF1の上に下り立った。それからF1を空中懸垂で下降し、意気揚々とテントへ戻った。

なにか本格的なクライマーに一歩近づいたような気がした。

その翌日は天気が悪かったせいもあって、テントを撤収して帰宅。そして次の週、当然のことのように沖源次郎沢をめざして、今度は近所の二つ年下の酒井君を連れて再び丹沢を訪れた。もちろんぼくは単独で沢を登り、酒井君はすべてわき道を通らせた。

このときは、前回の丹沢行きより欲張り、戸沢の左俣と、水無沢から沖源次郎沢を登った。

また一月二十九日にも松永さんと丹沢へと出かけた。渋沢から歩き出し、自転車屋横を経由して、中山峠へ着いた時は夜九時であり、澄みきった空には満天の星が輝いていた。

そこから寄《やどりぎ》へ。村の小さな酒屋でジュースを買い、店の人に清兵衛ノ崖についてたずねた。一時間ほどで出合だと教えられ、ぼくたちは再び出発。そして出合にテントをはり、消灯は真夜中の十二時となった。

寒かった。異常な寒さのため寝つかれず、若さに溢れていたぼくも、三十分置きに目がさめてしまった。

翌三十日、朝六時起床。清兵衛ノ崖を見にいったが、ガレ滝のようで登る条件がとても悪そうだった。滝は三段で、前滝の一段目は右側から入って、左に下り、Cルンゼに下りて、取付きについたのは八時十分であった。

松永さんがトップで登りはじめた。傾斜は七十度程。取付き地点より頭上の浅いルンゼを登はん。岩がもろいので、松永さんは慎重に岩をチェックしながら登はんするが、落石がぼくの身体の左右をかすめて飛んでくるのには驚いた。時々、ぼくのヘルメットに当たり、ズンと衝撃が来たりする。

三十メートルほどザイルが伸びると、「おーい、いいぞ」と声がかかる。ぼくは手をあまり使わず、足だけで登るようにして松永さんと合流して小休止した。

午前九時、Cルンゼと別れ、垂壁の登はんに入った。トップは松永さん。傾斜はゆるいが、岩は依然としてもろいのには閉口した。まるで落石を除ける訓練をしているように、ぼくは頭を右、左に動かすのだった。三十メートルほど登ったところで、五十センチほどのバンドに出て小休止。次のフェースも岩がもろいが、今まで以上に難しいバランスを強いられた。

ぼくが待望のトップになったのはこのピッチだ。ちょっぴり興奮した。バンドを右に一メートル下り、ハーケンを一本横に打った。でも全然きいてないらしい。右にトラバースしたが、もろくて動けなくなってしまった。

（なんてことだ。せっかく張り切ってトップをやってるのに）

今度は二メートル離れたところに、縦のハーケンを打ちこんだ。こいつはきいた。しかし、岩はますますもろくなる一方だ。ハーケンを打っても、引くとすぐに抜けてしまった。スタンスを手で作り、三十分かけてもう一本ハーケンを打った。いまにも崩れそうな岩だったから、慎重に足を乗せた。どうやらオーケーだ。

足をかえ、ハーケンを打つ。ホールドなし、スタンスを手で作る。ハーケンをホールドがわりに立木に手を伸ばし、やっとのことで草付きに出た。

上部の立木にセルフビレーしてセカンドをジッフェルした。一本目のハーケンはきいたが、あとのハーケンはきかず、またもろい岩のため腕力が使えず、バランスのみで登はんした。ハーケンを打ち、トップで登れたのはうれしかった。

小休止のあと、滝の落ち口の左側のやぶを登り、清兵衛の岩場がよく見えるところまで下って昼食。食事がとてもうまく、快い風とともに最高の気分であった。

丹沢を少しずつ征服したことによって、ぼくは中村さんのいう「より困難なものを

求めて山へ行く」思想に近づいたような気がした。（よし、今度は谷川岳だ）
ぼくの登はんに対する若い自信は、この丹沢から生まれていった。

谷川岳一ノ倉沢へ入る

昭和四十一年五月

次は谷川岳だ、とぼくは闘志を燃やして、鷹取山で激しいトレーニングを繰り返していた。だが一緒に谷川岳に行ってくれるパートナーは現われなかった。確かにぼくはゲレンデではうまく登れたのだが、どこか一抹の不安を周りに与えていたのかも知れない。

そんな時、同じ日本コロムビアに勤める当時厚木の岩稜登はんクラブの会長だった市川伝さんと知り合った。そんなある日、中村さんが霧峰の仲間と谷川岳へ行くということを聞いた。ぼくもこのチャンスをのがしてなるものか、と市川さんを強引に誘った。その時、中村さんの後輩の渋谷さんが、中村さんのパートナーであった。昭和四十一年の五月のことである。

中村さんと渋谷さんは前日に衝立岩を登っていたので、ぼくと市川さんが後から一ノ倉沢に着いたときには、二人とも出合の小屋にいた。

谷川岳はあいにくの雨だった。中村さんたちは、どうしようかと相談していた。ぼくは血気盛んだが、こんな時は先輩たちの意見を黙って聞いているよりしかたがなかった。

出合の小屋の中は、ものすごい数のパーティであった。みな出しぶっていたが、明るくなるにつれて雨がやみ、それとともに、一ノ倉沢へ向けて人々が動きはじめた。

「じゃあ、行こうか」

中村さんのひと言でぼくらも出発。中村さんとぼくは違うパーティだが、何となく中村さんはリーダー格だった。夢にまで見た谷川岳での岩登りの本番。ぼくはもう血という血が燃えたぎるのではないかと思われるほどであった。

雨は上がったが、ガスのかかる一ノ倉沢は、どのルートもものすごい人である。一本のルートに三十人ぐらい集まって順番待ちしている。そして登はん者の落とす落石の音がすごい。ビューン、パチーン、ドカーン、ヒュルヒュルヒュル……。烏帽子の奥壁をトラバースして南稜に行くのに、ぼくは死にものぐるいだった。落石の火花が散ると、硝煙の臭いがムッと鼻をつく。

(カッコいいなあ。まるで戦争だ。おもしろいなあ)

恐ろしさを忘れ、気分は最高にのっていた。

烏帽子の奥壁へ行くはずだった中村さんと渋谷さんは、あまりの混雑のため、ルートを変更して、南稜へやってきた。

ぼくと市川さんの前に、中村さんと渋谷さんのパーティが入った。その前には横浜のベルニナ山岳会のパーティがいた。中村さんと渋谷さんは霧峰山岳会。同じ横浜という意識のせいか、中村さんたちのパーティが異常に入れこんでいるように思えた。

中村さんがトップでワンピッチ登り、次に渋谷さんが登りはじめる。ぼくたちも続いてワンピッチ登り、チムニーのテラスに立った。雨がまた降りだす。

そのとき、ズタ袋を投げ落とすような変な音がして、中村さんの確保しているザイルがゆるみ、手元にたるんでくるのが見えた。頭上から何か大きな物体が落下してくるけはいを感じ、ハッとして岩陰に身を避けた。瞬間！　ぼくの立っているテラスに人間が叩きつけられた。ザイルで体中を巻きつけられた渋谷さんが、宙吊りになって止まった。断末魔の叫びが、雨の一ノ倉沢にこだました。

生まれてはじめての本番、しかも雨がこやみなく降り続いている。中村さんは渋谷さんを確保したまま、いろいろ指示する。市川さんと下のテラスにいた人が手伝って渋谷さんを引きずってテラスへ降ろす。

「長谷川、悪いが下に知らせてくれ」

中村さんはこんな時でも冷静に判断して、ぼくに指示をした。ぼくは何が何だかわからなかった。どうやって知らせていいかもわからないが、とにかく下降する。無我夢中だった。下降しているパーティに事情を話し、ザイルを使わせてもらった。

どんどん下りた。一ノ倉の出合を過ぎ、マチガ沢出合の小屋（今はない）へ着いた。そこに有線電話があったので、事故が起きたことを、地元の警察と霧峰山岳会に緊急連絡をした。ぼくの口調は興奮していた。連絡し終わってどうしていいかわからないままに、重い足どりで一ノ倉沢へ戻った。中村さんたちはなかなか下りてこない。どこかで行き会うだろうと思い、登りはじめる。

事故の発生したテラスまで登り着くと、テラスに渋谷さんが横に寝かされていた。意外に元気なのに驚いた。居合わせたパーティの人たちも協力してくれているので、ともかく下へ降ろそうということになった。渋谷さんは大柄で、ほかの人達は小柄だったので、背が一番大きいぼくがかつぐことになった。誰がかつぐかという話の最中も、渋谷さんは一緒に口をはさむほど元気であった。

ザイルをフィックスする人、確保する人、各分野に分かれて収容作業が始まった。雨はますます激しくなり、渋谷さんの身体から流れる血をあびて、ぼくも血だらけになる。中村さんがぼくのそばで確保しながら励ましてくれる。中央稜のテラスに着いたとき、ＪＣＣ（日本クライマーズ・クラブ）の人たちが手伝いにきてくれ、桜井正巳さんがぼくの代わりに渋谷さんをかついでくれた。ぼくは桜井さんがバランスを崩さないように補助しながら、下降した。かなり下りてから、渋谷さんは苦しみ始めた。渋谷さんの手は無意識のうちにザイルを摑んではなさない。ぼくは必死でその指をほどかせるのであった。

渋谷さんがつぶやいた。「ウンコがしたい」。ぼくは死ぬ時に肛門が開くことを知らなかった。そして渋谷さんに死期が近づいていたことも。「してもいいよ、しちゃいなよ」とぼくはいった。それからほどなくして、大きく首を後ろにガクリと落とした。それが最期だった。出合に降ろして、医学生に診てもらったところ、「もう瞳孔が開いている」といわれた。

山での死をぼくはこの目ではじめて確認してしまった。中村さんも市川さんも一見冷静さを装っていたが、ショックの大きさは隠せなかった。

中村さんの指示で、ぼくは水上駅の近くで、さらしと浴衣を買ってきた。そして、検屍所で検屍官といっしょにハサミで服を切り、買ってきた浴衣に着せ換え、検屍に立ち会った。傷を確認したり、直腸温度を測ることを手伝った。

中村さんも後輩の死にはとても立ち会っていられなかったのだろう、目をそむけてその場にいたたまれない様子であった。検屍の後処理を手伝ったぼくは、最後のまぶたを閉じさせる役目もやった。

それまでのぼくの山登りは楽しかった。岩登りを知ってますます楽しくなった。垂直を克服する歓びにみちたスポーツだった。ところが、渋谷さんの死を見た瞬間、その考えが薄れてゆくのを覚えた。そして、こんなことを考えはじめた。

登山はスポーツではない、スポーツを超えた現代の武道だ。垂直の世界に自分の身を置き、それと闘う人と自然の命のやりとりだ。ダメになったらとことん叩きのめされてしまう苛酷な闘いなんだ。絶対に負けてなるものか。自然ととことん闘ってやれ。ぼくはその晩の夜行列車の中で激しい、また新たな闘志をかきたてられたのであった。

そして、渋谷さんを救助する途中、下で何台もの車に会い、

「山で事故があったんです。乗せてください」

と必死で頼んでも、どの車も乗せてくれなかったことを思うと、都会の人の情のなさに腹が煮えくりかえるのであった。

中村さんのショックは、ぼくの数十倍、いや数百倍かもしれない。このときから、中村さんの人生が変わってしまったような気がした。

ぼくが会社に戻ったとき、安西さんが新聞を片手に飛んできた。もしかしたら、渋谷さんと一緒にぼくも遭難したのではないかと心配してくれてのことだった。うれしかった。ぼくは山男の暖かい心情をひしひしと心に感じた。

剣岳行

昭和四十一年八月

渋谷さんの事故があって二ヵ月後の八月、ぼくは傷心の中村さんと剣岳へ行った。大糸線信濃大町で下車。扇沢よりトロリーバスに乗り、黒四で降り、黒部川の川床に下る。そして丸山東壁の下を回り込むようにして、ハシゴダン乗越から剣沢へ。

暑い一日、重荷をかついで歩いたため、服はビショビショにぬれている。たき火をおこしてもらって服を乾かす。

当初の計画では、別山沢のR４というルンゼを登る予定であったが、余りの荷の重さに計画を変更し、ハシゴダン乗越より、剣沢に着いたのだった。

食料計画は中村さんがたててくれた。レタスを雪どけの水で洗って、マヨネーズをつけて食べた。おいしかった。山でのこんな新鮮な食事ははじめてだ。合理的であり、バラエティにとんでいる。

次の日は八ツ峰を縦走し、長次郎谷の雪渓をグリセードで下る。中村さんはすいすい、ぼくはぎこちなく、のたのた下りてゆく。ただ格好をまねるのだから中身がない。ピッケルのピックで何回も太ももをさし、青くはれてくる。やっと中村さんに追いついたが、中村さんは涼しい顔。ぼくは痛さを訴えるのがはずかしく、はれたももをさすりながら、その夜はシュラフ・カバーでビバークした。

翌日は三ノ窓の雪渓をつめ、三ノ窓のコルでビバーク。雪渓を歩きながら、いろいろなことを教わる。昨日は、食事の手ぎわよい作り方やガソリン・コンロの扱い方を見せられて感心したが、今日はスリップしたときの止め方や地形の見方、そしてタバコ一本をゆっくり吸うと七分かかり、小休止の目安にすることなどを教えてもらった。とにかくすべてが新しい経験で、驚くことばかりだった。

また三ノ窓から見たチンネは、堂々としていて素晴らしかった。中村さんの心が動いた。ぼくもどこか一本、やさしくてもいいから登りたいと思った。中村さんが口を開いた。

「行ってもいいが、もし何かあって二人目になったら、会に顔向けできないからなあ」

その言葉にぼくは何も言えず、この山行は終わった。

一ノ倉烏帽子中央カンテ

昭和四十一年九月

剣岳の山行が終わって、一ノ倉へ行きたい気持をどうしても抑えることができなかった。ぼくは前にもまして鷹取山での激しいトレーニングに励んだ。

初めての一ノ倉沢で、それも本格的に取り組んだ初めての岩登りで、渋谷さんの遭難事故に遭遇してしまい、正直いって、本格的な岩登りのスタートの第一歩が遅れてしまった思いであった。

しかし、この凄まじい体験と遅れは、将来の自分にとってプラスになることばかりであった。つまり、この遭難によって、岩登りの持っている楽しさと同時に、その危険性をも十分知ることになったのだ。だが、この危険性も、自然が人間に襲いかかることから起こるのではなく、人間が自然に抗しえなかった時に起こるものであると、ぼくは思った。このはじめての体験は、岩登りがもっている「垂直を克服する楽しさ」の裏に、「垂直であるが故に介在する危険」を見せつけてくれたのであった。

この事故以来、ぼくの岩登りのトレーニング方法は変わってきた。ただ登り切ることだけを楽しみにして、それだけを目的とするのではなく、どんなグレードの岩場でも、余裕をもって一歩、一歩、着実に登れるようにするため、徹底的に岩場の登下降のトレーニングをした。

そして、ぼくは多くのゲレンデを登りまくり、そうすることによって、自分のフォームをある程度完成させることができた。それに登はん中に雨が降ることを想定して、雨の日のトレーニングも怠らなかった。

もちろん、日常のトレーニングは柔道をすることによってなされたが、それ以外にも、朝、昼、晩と時間の許す限り、体力トレーニングを重ねていった。そうしてぼくは、実際の岩場のルートを登る前に、精神的な準備と技術、体力の準備をほぼ完成したのであった。

松永清一さんとぼくは、昭和四十一年九月初旬、谷川岳へ向かった。

松永さんは自慢のキスリングを背負い、ぼくは中村さんに譲ってもらったアタック・ザックをかついでいった。一ノ倉出合にテントを張り、すぐに一ノ倉沢に入った。そして烏帽子南稜を四十五分で登った。頂上をまわって、芝倉沢経由でテントに帰ってきたのは、夜の十時過ぎになった。登はんそのものより頂上をまわる方がこたえ、クタクタに疲れていた。

翌朝八時、雨が降ったり止んだりのうっとうしい天候である。それでも出発をきめ、テールリッジを登り、烏帽子の奥壁の取付きに着いた。ルートがわからず、最初三十メートルほど別のルートを登って下りてきた。（幸先悪し！）ぼくはちょっと舌打ちをした。その後ルートはすぐにわかり、スムーズにピッチがはかどった。

ガスが立ちこめ、いやな気分だ。ぼくは一刻も早く登はんを終了したかった。取付きから六ピッチ目で、本来なら右斜上に行かなければならないところを、直上してしまった。五十センチのオーバーハングがあり、その下にハーケンが打ってあった。それにカラビナをかけ、ザイルを通した。

そして、右手で立ち木をつかみ、ヒョイとハングを乗越した。ところがザイルが動かない。そこでハングの上から立ち木をつかみ、のぞきこむ。カラビナとハングにザイルが屈折してザイルが重いのだ。手を伸ばしてカラビナをはずせば済むと思い、そうした瞬間、立ち木が折れ、ぼくは空中に放り出された。

ガスの中を、ワーッと落ちて行く。体が回転し、壁が、ガスが走る。ガツンとすさまじい衝撃を受け、ザーと流される。運がよくザックから先に壁に叩きつけられたようだ。空中を三十メートル落ち、ワンバウンドして止まったのだ。命には別条がないようだが、全身打撲、腕といわず足といわず傷だらけで血が噴き出していた。

「長谷川！　長谷川……」

松永さんの必死の叫び声で、勇気を盛り返し、再び松永さんのいる場所まではいあがっていった。

「おい、大丈夫か」

「はい、大丈夫です」

ぼくは精いっぱいの声をはりあげ、傷の手当てをし、心を落ちつかせるために少し食事をとった。

「今度は俺がトップで行くよ」

松永さんはそう言ってくれたが、ぼくは決してトップを譲りたくなかった。

「いえ、ぼくが行きます！」

これでもし松永さんにトップをやってもらったら、これから一生、トップをやることはできないし、岩登りすらできなくなると思った。

雨が降りだした。まなじりを決して、ぼくは再び登りはじめた。登りはじめると、足がガタガタガタガタガタ震えた。おかしなもので、落ちたハングのところに来ると、精神が恐怖のど真ん中にいるようで、その震えはさらに激しくなった。必死の思いで正常ルートを見つけ、完登した時は、なんとこの登はんに六時間もかかっていた。

稜線をまわるのが億劫だった。早くテントに帰りたかった。南稜を懸垂で下りようと相談し、ふたりで下降しはじめた。

一回、二回、三回、四回目の懸垂で、あたりはまっ暗。ルートも何も見えなくなった。仕方ない。松永さんの持っていたポンチョをふたりでかぶり、壁でビバークすることになった。

あるのは飴玉ふたつ、ふたりで分けあった。初めてのビバークを、小雨とガスの南稜で経験したのである。

翌朝、明るくなるのを待って、ぼくは安西さんや会社の仲間が心配していると思い、ひと足先に下降し、報告をして再びテントに戻った。松永さんはゆっくり下降してきたが、元気がなかった。川崎に帰ってから検査をしたところ、肺に穴があいているという。そして間もなく追浜にある結核病院へ入院してしまった。肺に穴があいている身体で、小雨のビバークはさぞ辛かったことと思う。

ぼくにとっても、松永さんにとっても、この日のできごとは貴重な人生の一ページを記録したにちがいない。

霧峰山岳会

昭和四十一年

九月に日本コロムビアの松永さんと烏帽子の中央カンテに行き、転落したのはショックであった。翌週腕に包帯を巻きながら、中村さんと幽ノ沢中央壁左フェースに出かけ、実際の岩場での技術の差をまざまざと見せつけられた。またこのままではパートナーも得られず、多くの壁を登れない危険をも感じた。幽ノ沢の帰りに霧峰の仲間たちが仲よく山について語り合っているのを見てうらやましく思い、途中入会ではあるが、中村さんの紹介でぼくは、昭和四十一年十月、霧峰山岳会に入会した。

過去に転落したとはいえ、一ノ倉烏帽子中央カンテ、南稜、幽ノ沢中央壁を登っていることなどで、十八歳のぼくは誇りをもって入会することができた。

入会してまもなく、紅葉坂の青少年ホールの会議室で集会が行なわれ、冬期合宿予定とか今後の計画について討議があった後、山行報告、新人紹介などの会の行事があった。それが終わり、紅葉坂を下りながら、霧峰の仲間たちが楽しそうに話している。ぼくはひとり、桜木町から電車に乗って帰った。

(ぼくの考えている山岳会とは、だいぶ違うな、中村さんの言っていた霧峰山岳会ともだいぶ違う)

その時、なぜか淋しさもあってそう思った。ぼくは帰りにみんなでどこかへ寄って、もっと山の話を聞かせてくれるとばかり思っていた。定時制の学校をせっかく休んで行ったのに、何故かものたりない第一回目の集会であった。

しかしたびたび集会に出るうちに、霧峰の仲間たちと話をするようになり、大曽根義一さんに幽ノ沢のV字の右ルートに誘われたりして、何となく霧峰山岳会にとけ込んでいった。でもその第一印象は忘れられず、後日、新しい後輩が入ると、同じ暗い気持ちを味わわせたくなかったので、彼らを連れてぼくは必ず野毛山商店街に飲みに出かけた。ぼくはまだ未成年だったが……。

五竜岳合宿

昭和四十一年暮れ〜四十二年正月

霧峰山岳会は厳冬期に、それまでは新潟県の魚沼山域で合宿を行なっていた。ところが、郡界尾根をトレースしたことによって魚沼山域の合宿を終了した。それでぼくが入会した年の暮れから翌四十二年の正月にかけて、北アルプスの五竜岳で合宿を行なうことになった。

チーフ・リーダー池ノ谷昭さん、リーダーが大曽根義一さん、中村弘さんで、堀内武さん、大曽根弘さん、木川昇さん、菊地実さん、野島誠一郎さん、野沢勇さん、石田良男さん、鈴木勇治さん、それにぼくのメンバーだった。

参加者は暮れもおしつまった十二月二十八日、新宿二十二時発アルプス7号で出発。神城に着いた。

ぼくにとってははじめての合宿であり、驚きの連続であった。

まず駅に着いたがホームがない。スキー列車のために列車が長く、ホームがたりないので、ドアから荷物を放り出し、雪の上にとび降りることからはじまった。

以前霧峰山岳会では、後立山《うしろたてやま》連峰での合宿を何度もしていたので、神城に親しい民宿があった。したがってそこに着くと、前もって頼んであったらしく、餅がついて用意されていた。（すごいなあ）、山麓に基地ともいうべき場所があるとはすごい。しかも餅まで用意してくれている。下にも置かない接待に、ぼくは感心してしまった。

寒暖計が壊れてしまったので、民宿のものを簡単に借りてゆく。（この地域に何度も入っている山岳会には、長い歴史があるんだなあ）、これも感動。

神城スキー場から、小遠見へ向かう。小雪の中をリーダー候補の木川さんがラッセルをして行く。心の中ではぼくもラッセルをしたいのに、なかなかさせてくれない。トレールについて行くうちに、法大ヒュッテの前で昼食となる。それからラッセルを一度もしないうちに視界が開け、小遠見に着いた。

大遠見がベース・キャンプになるため、二つ持っていったテントのうち一つだけ張り、雪庇の下に雪洞を掘って泊まることになる。ぼくを含めた四人は、荷上げのため行けるところまで登る。戻ると雪洞が掘られていて、食事の支度がしてあった。

その夜はすき焼きだった。ところが鍋を誰かがひっくり返してしまった。それをもう一度鍋の中に戻してそのままグツグツ。ぼくら全員が食べ終わったころ、

「今食べたのは、さっき全部こぼしちゃったんだ。シートのだしがうまかっただろ」

などと食料係がいう。

（すごいなあ、山男ってたくましいなあ）なんてまたまた感動。

それからさきの献立がすごかった。ロシアシチュー、すき焼き、ぶた汁、ぞう煮、バター餅、いそべ巻き、安倍川、あんころもち、クロワッサン、パウンドケーキ、それにみかん、チョコレート、チーズ等々。いままでに経験したことのない素晴らしい山の食事であった。

翌日、快晴。小遠見を出発し、大遠見まで快調に進み、そこにベース・キャンプを設営。食料を入れる穴を掘ったりして、ぼくはうれしくてうれしくてたまらなかった。歩くことも、ラッセルすることも、食べることも、何もかもうれしくて仕方がなかった。

だから時々、生意気なこともいってしまう。

「食料を荷上げするグループは、そのまま上に雪洞を掘ってそこに泊まり、次の日に目的地まで行った方がロスがなくていいんじゃないですか」

すかさず、

「隊を分散させるっていうのは隊の力を分散させてしまうことになり、何かあったとき一番危険なんだ」

と、中村さんにピシャリといわれてしまう。思ったことを口に出さないでいられないほど、はしゃいでいたという方が正解かもしれない。まるでキャンキャンはしゃぎまわる犬と同じだ。

夜になると大町の夜景がとてもきれいだった。暗い夜空からヒラヒラ舞ってくる雪がヤッケにつくと、五ミリ六角の雪の結晶そのままだった。

こんな美しい結晶を見たことがなかった。その時ばかりはうるさいぐらいにはしゃいでいたぼくも、感動でフウーッとため息をつくばかりであった。

ぼくは光栄あるアタック・メンバーに選ばれた。中村さんをリーダーとして五竜岳G2右稜に行くことになり、大曽根義一さんをリーダーとするもう一隊は、G2主稜に出ることになった。小さい方のウィンパー型テントに入り、アタックの朝、特別待遇を受けた。新人にもかかわらず、隣りのテントから次々と朝食が届けられる。規定の五枚のもちを平らげてもまだ食欲がある。すると脇で中村さんが、

「アタックすると、二、三日帰れねえんだぞ。好きなだけわがまま言っていいよ」

と言われ、もちのお代わりを催促する。都合十枚ほどのもちを食べて、アタックに出発する。今まさに夜が白みかけているところであった。

ラッセルをサポートしてもらい、白出沢に下降する。そこでサポート隊と別れ、谷に下る。ぼくは大曽根さんと中村さんの間にはさまって黙々と谷に下り、雪の斜面を

登り出した。一日ぐらいしか天候がもたないということで、みんなはピッチをあげているようだった。急峻な雪壁を登り、おそろしく急な斜面をトラバースする。ぼくはルートもわからず、ただついてゆくだけだった。そのうちなだらかな尾根に出た。風が強まり、雪が舞いはじめる。必要に備えてザイルを準備したが使わず、五竜の稜線に出た。縦走している人たちが慎重にザイルを張ってステップを切っている脇を、ぼくは中村さんのまねをしてスタスタと歩いた。(おれはクライマーだ)と心の中で胸をはっていた。

強風の中を五竜小屋に着く。昼少し過ぎである。四日分の食料を持参したにもかかわらず、半日ほどで登はん終了。はじめての冬の本番だけに、ぼくはうれしくて仕方がない。天候を気づかってチーフ・リーダーが送り出したサポート隊にコールをかけ、逆にお茶の差し入れをするほど余裕があった。

その夜は紅白歌合戦を聞き、山の歌をうたい、雑談して楽しいひとときをおくった。テントの入口の一番隅で足をテントの外に出したまま、一人前にお酒をちびりちびり飲みながら、満足な気持ちで、霧峰山岳会に入ったことを感謝した。

翌朝は吹雪。五竜へ向けて出発。ぼくは先頭のパーティで、白岳を登りはじめた。休んでいるときも、前日の登はんの成功で、何かしないではいられない気持ちであった。何の気なしに、ピッケルで雪の斜面をピシャピシャとたたいたりしていた。とたんに後ろから顔色を変えて中村さんが飛んできた。何だろうとポケッとしていると、

「長谷川！　そこにある亀裂は何だ！」

「今ピッケルでたたいたんです」

「バカヤロ。斜面の切れ目ができて雪崩が起きるかと思ったじゃないか。余計なことするな！」

「は？」

こんな風にぼくはともかくよく叱られた。

吹雪の中を、前もよく見えずに、一番後方の中村さんの指示によって「右だ」「左だ」といわれるままラッセルを続けていったら、いつの間にか頂上に着いた。

（こりゃ、すげえや。なんにも見えなくても頂上へ行けるなんて）

もうリーダーに大感動だ。そして白岳より下山し、午後のひまつぶしに誰かが、「ボブスレー大会やろうよ」と言いだした。

急斜面でスコップを尻にしいて、ヨーイドンのタイムレースであった。ぼくは何と一番！　表彰式で一番大きなスコップを手渡されて、「バンザーイ」……。

この正月は大変天気が悪く、入山していた五、六十のパーティはぼくたちを除いて

どのルートからも頂上を踏めなかったから、チーフ・リーダーは大喜びであった。

ぼくは学校と会社で応援団をやっていたから、下山の際もラッセルのかけ声をかけたりして、連帯感に溢れた楽しい合宿を経験したのであった。

八ガ岳大同心正面壁

昭和四十二年一月

冬山合宿が終わり、鷹取通いをはじめる。しかし岩登りがある程度できるようになっても、なかなか自分で冬山の登はんを計画し、実行することができない。それにまだ準会員であったので、行けるのはゲレンデばかりで、霧峰の先輩たちの計画に誘われるのを待つのみの時期であった。

そしてこの頃、ぼくは先輩、とくに中村さんのいうことをあたかも神のご託宣の如く聞き、何の不信感もなく盲従していた。中村さんが、

「長谷川、大同心正面に行こう」

と誘ってくれれば、待ってましたとばかり二つ返事で、「はい、行きます」と準備をするのであった。

昭和四十二年一月、待望の大同心正面に向かった。あいにくの風雪で、取付き点でビバークとなった。話には聞いていたが、風雪の中での初めてのツェルト・ビバーク。装備は中村さんにいわれたものだけ持っていったのだが、どうなるやらさっぱりわからず、夕食を終えたあと、中村さんの真似をして、半身用のエアマットの上でセー

ターに足を入れ、シュラフ・カバーに入った。これで寝るのであった。寒い、とにかく寒い。身を刺すような寒さの中で、寝るというより寒さを我慢して朝が来るのを待つだけの、本当の意味のビバークであった。羽毛服もなければ、半シュラフもない。いわば耐えることが即、ビバークであった。

翌朝も相変わらずの嵐であったが、中村さんの「行くぞ」の声に、ぼくは目出帽もつけず、壁に取りつく。

「長谷川、行け」と声がかかると、もうぼくはガムシャラに登っていった。取付き点は間違いないのだが、ルートがよく分からない。ましてや雪で真っ白になった壁。しかし、中村さんが行けというのだから、こんな天気でもきっと登れるだろうと思い、必死に高度をあげていった。

そのうち、手が凍えて感覚がなくなってきた。顔や耳も鋭いキリで刺されるように痛くなったかと思うと、また感覚がなくなっていく。嵐はますます厳しさを増してきて、もう目の前には何も見えなくなってしまっていた。ルートが捜せずモタモタしていると、

「状態が悪いから帰るぞ！　下りてこーい」

と、コールがかかる。下りるといったって大変だ。必死の思いで取付きに戻り、結

局、完登に失敗した。

しかし、ぼくは、完登はしないまでも、この嵐の中での新しい体験に十分満足していた。

「いいか、長谷川。困難な課題を一つ選んだら、それを解決するまでトコトンやるのがアルピニストだ。この大同心も手をつけてしまったからには、何としても落とすのがアルピニストなのだ」

といわれ、アルピニストの執念深さに感心した。

中村さんの言葉をぼくは胸にしまいこみ、八ガ岳を後にした。

ところが、帰宅してからが大変であった。指の感覚がおかしくなり、指先が何か張りついたようになっている。耳は耳で、水疱ができ、黒ずんできた。ぼくはあまり気づかなかったが、会社の先輩たちがびっくり。

「おい、そのまま放っておくと耳を切らなければならないぞ」

ぼくは真っ青になって病院へ飛んでいった。

その時はたいしたことがなかったので安心したが、さっそくなけなしの金をはたいて目出帽を買い、軍手を毛の手袋に買い換えた。しかし、精神は高揚していた。

霧峰山岳会の三月の合宿が八ガ岳と決まったとき、「ぼくは大同心正面へ行きたい」

ということを力説した。中村さんの「手をつけた壁はケリがつくまで登れ」というアルピニストの精神をそのまま自分の意見として主張したのであった。

そして合宿の日、木川さんとザイルを組み、ポカポカする天気のなかをあっけなく大同心正面壁を登り、風雪の登はんとのあまりの違いに、ぼくはすっかり肩すかしをくってしまった。

鷹取山通い

昭和四十二年

昭和四十二年、霧峰山岳会創立十五周年記念山行として、海外遠征かあるいは、それに匹敵する大きな企画を実行することになった。ぼくが口をはさむ余地の全くないなかで、リーダー会で決まったことは、ゴールデン・ウイークに北海道の利尻で合宿をするということであった。出発前、ぼくらはテントの補修、トランシーバーの点検を含めて、鷹取山に集まることになった。

そんな折、隣りの職場の大森信治さんに出会った。彼は柔道、音楽、ダンスなど、あらゆるものをやる多趣味、多芸な人で、何でも平均以上にこなせる人であった。だがなぜか山登りをバカにしていた。

「岩なんてバカでも登れるよ」

いつもそんな調子だった。ぼくは彼を一度、鷹取山に連れて行ってあげようと思った。彼はおもしろがって、ついてきた。

前浅間の岩場に着いた。利尻山行の前夜祭で、霧峰山岳会のメンバーがお祝いの酒を酌みかわしていた。月がとってもきれいな夜だった。月を背に、

「大森さん、岩登りを見せてあげるよ」

ぼくはそういうと、ヒョコヒョコヒョコと岩場を登り、四、五メートル上のテラスに立った。すると、大森さんはニヤッとして、

「そんなの簡単だよ」

と岩にとりついた。しかし二十センチ登ってはバタ、三十センチ登ってはバタッと落ちてしまう。そして何度か繰り返すうちに、彼はフーッとため息をついて登ってこない。ぼくは二、三のルートを登り下りしてみせた。大森さんはもう口をきかなくなってしまった。

ぼくはもちろん悪意でやっているのではないし、会社の先輩に対し、そんな失礼なことはできない。ぼくは岩を下りると、山岳会の仲間のやっている酒盛りに大森さんを連れていった。

大森さんはみんなに紹介されると、黙って写真を撮りはじめた。コンロの灯りしか見えない暗闇でどう写真が写るのか、ぼくにはわからなかった。

翌日の夜も、大森さんはぼくの登はんの写真を撮ってくれた。はじめて見る望遠レンズで、二、三十メートル上を登るぼくを追っていた。ぼくは意気揚々とスイスイ登って行った。

彼は帰りに強引に、ぼくを弘明寺にある自宅へ誘った。そして焼肉をつくり、ぎょうざを焼き、ビールを飲ませてくれた。昨夜の恨みをはらそうと何かたくらんでいるのではないかと思うと、薄気味悪い。大森さんはぼくが食べているあいだじゅう、家の中で見え隠れしている。何をしているのだろう。そのうちに今日撮ったばかりのフィルムを現像し、焼付けし、紙焼き写真を見せてくれた。セピア、赤、青に焼いたいろいろな写真があった。写真のＤＰＥがこんなに早くやれるだけでなく、いろいろな色の写真ができることに、ぼくはすっかり感心した。

「長谷川君、あんなに暗くてもホラ写るんだよ。こんな色もでるんだよ。君が岩登りの技術を見せてくれたから、このぼくの技術を見せてあげるよ。これでぼくと五分五分だな」

ぼくは狐につままれた気分であった。よほど岩に登れなかったことが、くやしかったにちがいない。

それが大森さんと親しくなるきっかけだった。それ以来、大森さんは岩登りの練習をはじめた。ちょうど夏になり、ぼくは定時制高校の夏休み。会社を終えると大森さんと二人で、川崎から追浜まで毎日通った。ゲレンデではつまらなくなったのか大森さんは、

「長谷川、お前きたないよ。うまいっていうことを教えておいて食べさせないなんて、本番、どっかへ連れてけよ！」

としきりにせがんだ。

十歳年上の大森さんにいわれるとそれもそうだという気がして、どこかへ出かけることにした。それに冬で、会では山行の計画がなかったし、何よりぼくに責任があると思った。翌昭和四十三年三月、ぼくは大森さんと八ガ岳広河原奥壁第一ルンゼを完登した。以後、五月に一ノ倉南稜、七月に同変形チムニー、九月に同衝立正面など、数々の思い出がある。

口が悪く「バカと煙は高い所に昇りたがる」といつもいっていた大森さんが、いつのまにか山の魅力に引きこまれ、バカになってしまったのもおもしろいことだった。

母はもうあきらめてしまった。

絶好調の北岳バットレス

昭和四十二年夏

ぼくが山へ行く時、必ず何か食べるものを作って持たせてくれた。オムライスを作ればアルミホイルで一人前ずつ何人前も包んで持たせてくれた。夜行で駅に着いた朝、それをみんなで分けて駅のストーブであたためて食べ、とてもおいしかった。またハンバーグ、スパゲッティ、サンドイッチなどを作って、特大のタッパウェアに入れてくれた。ぼくは得意になって、それを持っていった。先輩は別として、地方から出てきている仲間たちには大好評であった。

昭和四十二年の夏合宿の北岳の時は、「長谷川、肉煮て来いよ」といわれて、母に頼んだ肉料理を背に、堀内武さんと入山した。

広河原から二、三時間で二俣のベース・キャンプに着き、霧峰の仲間と合流した。しばらくみんなといっしょにいたが、時間が早いので、ぼくは堀内さんと一本登ろうと、Dガリーの奥壁へ向け出発した。この年の五月下旬、中央稜に登っていて、何となく見当がついているので、ルート図も持たずに出かけた。Cガリーの大滝の下を左にトラバースして、Dガリーの大滝の取付きに着く。

「大丈夫さ。行こうぜ」

大滝を越え、そのままザイルなしでDガリーをどんどん登りはじめた。オーバーハングに行く手を阻まれ、その右手のチムニーを登ってバンドに出た。高度感があり、ザイルを結ぶ。ぼくがトップで登りだす。ツルツルのカンテを二、三十メートル登るとコルに出た。いつのまにか第四尾根のマッチ箱のコルに出てしまったのだ。登はんしている人に聞くと、左側のフェースがDガリーの奥壁の上部だという。そこから二ピッチで登はん終了になってしまった。

何ということのないつまらない登はんで、一日が終わり、二俣に帰った。

翌日は中央稜とDガリーの奥壁に行き、今度は間違いなく登った。

その翌日、ぼくはこの年入会した新人を連れて第二尾根正面に取付き、一本登って懸垂下降し、第二尾根の他のルートを登って、また懸垂下降で下りた。次に第一尾根正面を一本登って上部に出た。ガスがでてきたがまだ時刻は早い。連日の鷹取山のトレーニングでぼくのコンディションは上々。それに新人を連れている気負いもある。ぼくはちょっと変な気を起こし、

「よし、第三尾根を下りて、中央稜へ行っちゃおうぜ」

本当はいけないのだ。合宿で決められたルートを登らなければならないのだが、今日の予定は終わっていた。ぼくにとっては力が余りすぎているのだ。それにはじめて新人を連れているから、楽しくてしょうがない。より困難なルートを何本でも登ってみたかった。

第三尾根を下りかけた時、ガスの中から人影が現われた。

「おい長谷川、どこへ行くんだ」

先輩の声に、この行動はあえなく中止となった。その日は三本登っただけであきらめ、二俣のキャンプに戻った。決められたルートだけではもの足りなく、もっと登りたいのだが、なかなか許してもらえない。

四日目は石田さんとザイルを組んだ。トップで四尾根下部フランケから、四尾根。このルートは石田さんも何度か登っているので、コンテニアスで行こうと提案し、ザイルを引きぎみにグイグイ登る。登っている人たちを次々と追い抜き、マッチ箱のコルより懸垂で中央稜大ハングルートの取付きに立った。このルートもそれほど時間がかからず登はん終了。続いてCガリーの奥壁に行こうというぼくの提案に、石田さんは疲れ果て、「もうカンベンしろよ」の声で、この日の行動は終わりとなった。

第一日目のシュバルツカンテを入れると、この合宿で九本登ったことになる。

この合宿は自分でも驚いたのだが、岩場をまるで走るように登れた。それは毎日、大森さんと鷹取山へ通った成果であった。これだけ登れれば、谷川岳一ノ倉沢衝立岩や滝沢第三スラブも登れると、自信がわいてきた。

一ノ倉第三スラブ、衝立岩

昭和四十二年夏〜秋

北岳の合宿が終わってすぐ、ぼくは木川さんと一ノ倉第三スラブへ向かった。中央稜のテールリッジを登り、南稜のバルコニーにトラバースする。バルコニーを四十メートル下降し、本谷のスラブをトラバース、下部ダイレクトルートの取付きについた。先行する二パーティがあった。

前のパーティについて登る。三ピッチとコンテニアスで広河原についた。雨が降りだした。雨の中をツルツルのスラブを登る自信はない。先行パーティと合同で、滝沢を下降する。そしてすさまじい水流の滝の中を、ずぶぬれになって、取付きに戻る。二ピッチ下りたら、次は本谷のスラブをトラバースしなければならない。それはツルツルのスラブだ。激流と落石がぼくたちを襲う。霧の中に、落石のカンカンカンというカン高い金属音が間髪入れず耳をつく。

何も見えない。突如、目の前を黒いものが凄い勢いで飛んできた。落石だ。ぼくたちは必死で南稜のテールリッジのバルコニーへ登り返し、中央稜のテールリッジへトラバースした。そして一般コースに戻って、逃げるように帰ってきた。

翌週、雪辱戦で再び谷川岳を訪れた。

今度は第三スラブではなく、パートナーの市川伝さんの希望もあって、衝立岩ダイレクトカンテに挑んだ。

衝立岩は当時四本ぐらいしかルートがなかった。最初に開かれた雲稜第一ルートの取付きから、いったん懸垂下降して、ザイルをつけずに三十メートル、ハングの下の大テラスに出た。体調は抜群にいい。四級の壁もザイルなしでトコトコ登っていく。

「おい、長谷川。ここ悪いじゃないか、ザイルつけろよ。スタスタ先に行くなよ」

と市川さんから言われても、反省もしない。

（あっ、あそこがダイレクトカンテで、あれがテラスか。あそこを懸垂で下りて、あれを登ればいいや）

通い慣れた谷川岳のせいもあって、自分の身体全体でルートを判断してしまう。だからパートナーは大変だ。「ここはザイル使うところじゃないですね」などと勝手に判断してしまうこともある。

ぼくは怖さを知らないいわば有頂天の極致だったので、今までの苦しかったことをすべて忘れてしまっていた。そしてタイムを測り、自分の上り下りの記録に満足していた。しかもほとんどをトップで登っていた。

大テラスより、かぶり気味の壁が延々と続く。アンザイレンし、アブミの掛け替えで登りはじめる。カラビナを二十枚ぶら下げて、十一ミリのザイル。重い。まさに体力の勝利であった。

ぼくはカラビナの数を少なくかける。いわば飛ばすわけだ。それでなくとも重力がかかっているのに、さらにそれにザイルとカラビナの摩擦が加われば、大変な重量になる。ハーケン四、五本に一本しかカラビナをかけていかない。少し危険だが、スイスイこなしていた。

ところが、三ピッチ目のトラバースのところで、アブミを落としてしまった。アブミを回収しようとして、カラビナをひょいと持ちあげたときに、開けたカラビナの口からスルスルとアブミが落ちてしまったのだ。しかし気がつくと、目の前にアブミが残置されていた。それを使って無事登はんを終了。

このようなツキも（実力のうちさ）と、ぼくは過剰に評価していたのであった。

ますます自信をつけたぼくは、九月の土曜日、霧峰のリーダー大曽根義一さんと、再び一ノ倉の第三スラブへ向かった。

土曜日なので、谷川岳にはほとんど人がいなかった。天気は快晴、久しぶりの登はん日和だった。ぼくの気持ちも充実していて、（ホラ、天気まで晴れさせることができるぞ）と、まさに日の出の勢いであった。

以前に木川さんと来ているので、下部ダイレクトは事なく登り、第三スラブへ入った。驚いたことに、登はん開始から終了までの間に残置ハーケンが四、五本しか見られなかった。

ツルツルのスラブの中でのルート・ファインディングがとても難しかった。岩が細かく、四十メートル登るのにノーピン。しかも中に四級、五級がどんどん出てきた。（もう限界だ！）と何度思ったかしれない。しかしハッと気づくと、目の前にテラスがあったりして、ぼくにとっては実に変化にとんだ素晴らしく充実したルートだった。

草付きを抜けて、ドームの正面に出た。ドームは簡単だと聞いていたが、かぶり気味の壁をフリーで登るのは、かなりショッパかった。ハング気味の壁を、アブミの掛け替えで登り、登はん終了まで八時間かかっていた。

ぼくにとっては、このルートは快適であったが、体力的、技術的にかなりしんどかった。

翌日、霧峰の仲間たちと合流した。ぼくは、中村さんと衝立の岳人ルートに行く予定であったが、あいにくの雨で中止となった。そのとき中村さんから、「三スラブどうだった？」と聞かれ、「いや、快適でした」、と自分の気持ちと裏腹にいった言葉が、中村さんの感情をひどく害したようで、中村さんのしいんとした表情に、ぼくはしまったと思った。

十九歳の若僧に、霧峰山岳会では当時、誰も登はんしていない第三スラブを登られてしまったこともあるが、それより、人間的に出来ていないぼくが、「快適！」などとほざいているのだから、先輩たちにとっては、生意気に見え、さぞ不愉快であったことだろう。

第三スラブを登り終え、西黒尾根を下っているとき、日頃単独で岩を登りたいというぼくに、大曽根さんが、かつて霧峰にいてやめていった細入徹さんのことを話してくれた。彼は自分の意志で他の山岳会へ行き、自分の山を求めて単独登はんをはじめた。単独登はんこそ、自分を高める方法だと決心したからだという。

「大曽根さん、やっぱりぼくも単独やろうかな」

「単独登はんっていうのは、人間的に欠陥のある人がやることだよ」

「そんなことないと思うけどなあ」

「無論、細入のように、自分を高めるためにやる人もいるけれど、もっともっと自分自身にいろいろな精神的な糧を貯え、試練に打ち勝つ素晴らしい人間性をもつようになってからでも単独は遅くないよ。技術だけの話じゃないからね」

ふだんのぼくだったら、人間的うんぬんにムッとして、登山技術に人間性を入れるのは卑怯だなどと言ってかみついたりするのだが、大曽根さんの優しい、それでいて説得力のある口調にぼくは思わずうなずき、（まだ早いかもしれない。でも将来きっと単独で……）と思ったのであった。

単独……ぼくの胸にポッと火がついた。

翌週、木川さんを誘って、雲稜第一ルートに向かった。第三スラブと衝立岩を宿敵のように思い、ぼくは毎週のように一ノ倉沢に通い続けた。

取付いたが、木川さんはあまり調子がよくなく、ぼくがトップを続けることになった。第一ハングを越え、第二ハングを越える。順調にザイルが伸びていった。そして衝立岩の頭に立ったとき、うれしさとともに大きな虚脱感がぼくを包んだ。渋谷さんの復讐劇はこれで終わった……。

それ以来ぼくは山に行かなくなり、会の集会にも参加しなくなった。別に勉強や仕事で忙しかったわけではなく、ただ山に対して怠惰になっていただけである。そんな気持ちが、十一月下旬の霧峰の集会に行くまで続いた。

烏帽子奥壁で再び転落

昭和四十三年冬

衝立や第三スラブといったルートを登り終わって、虚脱感にとらえられていたぼくは、ある日何の気なしに、霧峰の集会に出席した。

すると、今年の合宿は中止しよう、という発言が、リーダー会からなされていた。この時、中村さんはもう退会し、霧峰山岳会は沈滞ムードであった。そうしたムードの中の発言だけに、ぼくは腹立たしさと同時に、やる気が身体の奥底からわいてくるのを覚えた。定例なのにやらないのはおかしい。誰かに頼っている登山もダメだ。中村さんがいなくとも、また何も遠くまで行かなくてもいいではないか、ぼくは意見を言った。その提案通り、その年の合宿は谷川岳ときまった。自分の提案が通ったぼくは、虚脱感がふっ飛び、俄然やる気になった。そして何でもできると思いこんでいるぼくは岩登りばかりでなく、食料係から装備係まで、どんなことでも引き受けた。それにまた、何でもやらなければ、と思っていた。

その合宿は、ぼくにとっては二年目の冬山であり、さらに夏にかなりの数のルートをこなしていたこともあって、食料係、装備係、天気図係といろいろな係を欲張って兼任した。さらにそれだけでなく、天気が悪く停滞の日でも、近くの岩を探して登ったり下ったり、休む暇なく動きまわり、張り切っていた。

そして、夕食なども人一倍食べ、一見元気そうに見えた。しかし天候が回復したアタック日の朝、消化不良と睡眠不足でダウンし、アタックのチャンスを逃してしまった。

考えてみれば、頑丈なぼくでも無理な話だった。装備係や食料係は、朝二時には必ず起きる。そして食事の支度ができたらメンバーを起こす。

停滞日でも、前の年に入った新人に、

「ちょっと、そこの岩でも登るか」

などと元気よく声をかけ、先輩がゴロゴロしているのを横目で見ながら動きまわった。

帰ってくると、もう夕食の支度、あと片づけ。さらに翌日の天気図をとるから、寝るのは十一時過ぎ。横になっても次の日に起きることばかり気になって、うとうとするだけ……これでは身体が持つわけはなかった。

アタック日に南稜の登はんが決定し、大曽根さんとぼくがアタック・メンバーとなった。ところが朝起きてみると、気持ちが悪くて仕方がない。前日、競争して食べた餅が過労と重なって消化不良を起こし、コッヘルいっぱい戻してしまった。

「長谷川、だらしないぞ」

大曽根さんにはバカにされるし、結局登ったのは、ハイキング程度の西黒尾根だけであった。

ある程度できるようになったおもしろさと、なんでもやりたいという気負いが、貴重な冬山のワンチャンスを逃すことになってしまったのである。山登りでは、気を入れる時と気を抜く時のタイミングを、うまくコントロールしなければいけないことを学んだ。

だから、ぼくはその後、停滞日にはあまりウロウロせず、テントでゴロ寝を決めこむことと、あまり分担を欲張って、たくさんやりすぎないようにすることの二つをしっかり守るようにした。

合宿の後これといった山行もなく、ゲレンデ通いが続いた。ただ正月の失敗を何とか埋め合わせたいことや、冬の登はんに大きな魅力を感じはじめていた時でもあって、ぼくはこのシーズンはこれで終わってしまうのかと、情けない気分になっていた。

そんな時、ヨーロッパへ行くことが決まった大曽根さんが、トレーニングのためぼくを鳥帽子の中央カンテへ誘ってくれた。もちろんぼくは、汚名挽回の気持ちをこめて、行きたい旨を伝えた。そして喜び勇んで一ノ倉へ飛んでいった。

土合に降り立つと満天の星空。ぼくと大曽根さんは烏帽子の奥壁へ向かう。大曽根弘さんと菊地さんがサポートのような形で、同じ一ノ倉の中間リッジから東尾根へ向かう。ほとんどラッセルがないまま、一ノ倉の出合を過ぎる。ぼくらは中央稜のテールリッジに取付き、彼らは中間リッジへと向かった。

壁には氷のつららがところどころ吊り下がっていた。真っ青の空、純白の稜線、そして黒々とした岩壁の中を、取付きに立つ。晴天と高温のため、水が雨天の時のように岩壁を流れている。

さっそく、ぼくたちはツルベで登り出した。本当の冬山をまだ知らないぼくはビバークのことを考え、寒さを危惧して用具を大量に担ぎ、食料も必要以上に入れたのでザックは重く、荷物を担ぐのに自信はあったが、最初から辛い登はんとなった。

雪と氷と岩のミックスした壁を終わり、三ピッチ目に入った時、見た目には利いていそうなハーケンをホールドにしようと力いっぱい引くと、スポッと抜けて後ろにひっくり返り、五、六メートルほど落下してしまった。

冬季は気温の差によって、ハーケンが緩むなどということを知らなかったぼくは驚いてしまった。が、気をとり直して登り続けた。

つかむホールドから指を伝って水が身体中に入りこみ、靴の底にたまった。全く雨の中の登はんと同じだ。荷物は重いし、一刻も早く登りきりたいが、夏のようには高度をかせげず、あせるばかりであった。

四畳半テラスに着いたころから、小雪が舞いはじめた。気温は下がり、濡れている衣服はバリバリになってくるし、水に洗われた指はどんどん感覚がなくなっていく。大曽根さんの「ここでビバークしよう」という声には耳も貸さず、壁から脱出したい一心で、「トップはぼくがやりますから、今日中に登りましょう」と先にたって、チムニーを登り続けた。

そして、それから二ピッチ目、烏帽子岩より二、三十メートル下の地点で、ぼくはまたもや転落してしまった。そこは凹状になった岩場の出口に当たり、左上のテラスに出るため、岩角にシュリンゲをかけ、それに足を乗せてから両手で岩をかかえ込むようにして上のスタンスに立った。そして夏の岩場のつもりで左側のテラスに足を伸ばそうとした時、何とそこにはテカテカの氷が張っており、足をのせるとツルツル滑ってしまいとても移れない。カッティングしようにも手が離せない。かといって、先ほどまで乗っていたシュリンゲは凍って壁に張りつき、つま先でいくら蹴っても戻らない。絶体絶命。

（ああどうしよう）

と思ったのと、身体が岩から離れるのが同時だった。

十メートルの転落でとまってほっとし、ぼくは再び登りかえした。登ることの余裕を知らない未熟さである。

今度はシュリンゲのもう一段上にハーケンを差し込むようにして、それにアブミをかけ、それに乗ってステップを切った。あたりが灰色になり、まさに日が沈もうとしている。ようやくテラスに移り、大曽根さんを迎えた。心身ともにクタクタであった。大曽根さんの指示で、ここのテラスでビバークすることになった。

けれど、せっかく重い思いをして持ってきたビバーク用具を使うほど広いテラスが出来ず、腰をかけるのがやっとで、風雪の中の着のみ着のままの辛いビバークになってしまった。

その夜、ぼくは一睡もできず、昨日の二回の転落のショックも手伝って、心身ともに疲労困ぱいの状態で夜が明けたのである。

翌日も相変わらず風雪が続いている。ぼくは完全に弱気になり、（もうカンベンして下さい）と心の中でつぶやくけれど、誰もどうもしてくれない。ぼくが登るか大曽根さんが登るかのいずれかである。

弱気のぼくはまず大曽根さんに登ってもらい、次の烏帽子岩の基部から左に回りこむピッチを、ぼくが登り出した。夏には草付きの易しいルートも、いまは不安定な雪と氷が付着し、ハーケンすら打てない。身体がぎこちなく眠っているような感覚だ。三十メートルほど登った所で足元の氷が欠け、ぼくは頭からまっ逆さまに墜落した。ハングを飛び越した拍子にウェストベルトで腹がまくれ上がり、ヘソがはみ出してひっくり返った状態で、雪の上で止まった。雪がクッションの代わりをしてくれたおかげで衝撃もなく、ケガひとつしていなかった。約六十メートルの転落であった。風雪の中、宙吊り状態になりながら、六時間がかりで上へ揚げてもらった時のうれしかったこと、大曽根さんには大変感謝している。

どうにか登はんが終了し、終了地点でビバークした。相変わらず吹雪が続いている。ツェルトをかぶり、ビショビショに濡れたシュラフの中にもぐり込んだ。お尻に水がたまるが、前日よりはるかに楽なビバークであった。

次の日は、晴天の中を頂上を踏んで下山したが、体はガタガタ、心はボロボロ。十本の指は凍傷にかかり、右手の薬指などは切らなければならないといわれるほど、ひどくやられてしまっていた。母の看護のおかげで切断には至らなかったが、この登はんを境にぼくは山への姿勢、とりわけ冬のトレーニング方法を考え直した。また凍傷対策についても、深く考えるようになり、風雪の登はんが十分できる能力をもつため、そして精神力を養うために、より激しいトレーニングを行なうようになった。

これだけ大きなダメージを受けたことは、いままでのぼくの登はんを総括し、これから起こるべき登はんの予備テストのように思われたし、冬山一年生の卒業試験を受けたような気がした。

指を包帯だらけにして参加した霧峰の反省会で、ぼくは先輩たちの糾弾をうけた。鼻っ柱の強いわりに反論もできず、至らなさ、経験のなさをなじられてしまった。しかし、しおれている姿とは裏腹に、ぼくの心ははずんでいた。これから進んでいくべき山登りが見えたからである。

（これから冬の岩壁に登ろう）と、心につぶやいた……。

穂高岳登はん行

昭和四十三年夏

昭和四十三年の霧峰の夏の合宿は、穂高の涸沢で行なわれた。このころになると、数人の後輩が入会していた。

穂高に着いた翌日、ぼくは菊地さんとパーティを組み、滝谷に向かった。しかし菊地さんは、コンディションのよいぼくと歩調が合わない。コースタイムで二時間かかるところを、ぼくは一時間足らずで北穂まで登ってしまう。ぼくとしては、のんびり歩いていては筋力が向上しないと思っているから、いつも精いっぱい歩くことを心がけている。みんなは一般コースなので、自分のペースに合わせて歩いている。靴がこわれたこともあって、菊地さんとの差もみるみる広がってしまった。ぼくは北穂へ一番乗り。

頂上で待っていると、後から登ってきた大曽根さんが、菊地さんの代わりに好きな新人を連れていっていいとのこと。先輩と一緒より、後輩を連れていった方が気楽なこともあり、技術はないが比較的体力がある滝田をパートナーに代えてもらい、B沢を下り滝谷に入った。

数年前に中村さんと大曽根さんの作ったP2フランケ霧峰ルートを登りたくて、その取付きに立つ。大曽根さんにはルートのことは一切聞かず、ただ取付き点だけを教えてもらった。初登のときの中村さんたちと同じ気持ちになりたかったからである。

早大ルートと芝工大ルートの真ん中にあるこのルートは、チムニー、カンテ、ハングと連続し、P2の頭に立つのに一時間ほどかかった。はじめて中村さんと会った日のことなどを思い出しながら、次のルートに向かった。

取付き点を探すのが大変だったが、東歯大ルート、さらにドーム北壁を登った。滝田はばて気味。もう一本と思ったが、あきらめた。

合宿も終わり、メンバーはほとんどが下山した。涸沢に残ったのは、ぼくと野沢さんだけとなった。野沢さんと話した結果、奥又白に行くことになった。五、六のコルを越えてインゼルを通り、右岩稜の取付きに立った。右岩稜は古川ルート、Dフェースは田山ルートに行くことになっていた。

右岩稜はたくさんのクライマーで混雑を極めていた。登はん自体はそれほどかからなかったが、北壁に回り込んだところで午後の四時になっていた。時間的にDフェースは無理ではないかと野沢さんに話したところ、無言でぼくの顔を見る。ぼくは戻ることを提案した。が、野沢さんはせっかくのチャンスだと判断したのか、目でぼくの提案を拒否している。ぼくは無言で、Dフェースへの下降のためのハーケンを打った。

二ピッチの懸垂下降で取付きへ。かぶり気味の壁をフリーで登り出す。スラブを登り、ハングを右にトラバースし、また左へ登り返して、一、二峰間のルンゼに入る。結局登はんを終了したのは、夜八時を過ぎていた。

あたりはもう真っ暗。急がねばならない。ぼくも野沢さんも北尾根を下降したことがなく、ただ勘を頼りにめちゃくちゃに下りた。三、四のコルへの最後の懸垂下降は、暗闇の中だから下がどうなっているのか全くわからない。おそるおそる空中懸垂をして、どうやらコルまでたどり着いた。

あとは、月が出てきたのを幸いに、その光を頼りにグリセードで雪渓を下っていけばいいと思ったが、野沢さんはあまりグリセードが上手ではない。

「長谷川君、先に帰っていいよ」

との野沢さんの声に、ぼくは言った。

「ああ、そうですか。それじゃお先に」と。

グリセードの楽しさに心を奪われ、雪面を滑りだした。これでは人間的に欠陥があるといわれてもやむを得ない。ザーッとグリセードで下り、わずか三十分で涸沢のテント村に下りた。ふり返ると、はるか上の方に、月明かりの中をゆっくり下りてくる野沢さんの姿が見えた。

ぼくはそれを確認すると、テントの中を整理し、火をおこし、お湯をわかした。しばらくたってから野沢さんが帰ってきた。疲れているようだったが、

「今日はぼくが料理をつくってあげるよ」

と言って料理をはじめた。料理はソーメンだった。ところがこれがうまかった。今までぼくが食べていたソーメンは、塩からいたれで食べるため、あまり好きではなかった。だが、野沢さんの作ってくれたたれは、鰹節とこんぶでだしをとり、何で味付けをしたのかとてもうまい。ぼくはただもう感心するばかり。その上、野沢さんが買ってきてくれたビールを御馳走になった。ビールは一気に喉を通過し、ほろ酔い加減の満足さが、全身に広がっていった。

翌日、奥又白経由でのんびり下山したが、昨夜来の野沢さんの親切と思いやりには、ただただ感謝あるのみだった。

山に関してはぼくの方が技術、体力ともに上であったが、人間的な暖かみでは、野沢さんの方がはるかにスケールが大きかった。しかしぼくは、山との勝負の気持ちは変わらなかった。いや、むしろ（いつでも山なら相手にしてやるぜ。クライマーとしての勝負をつけてから話を聞こうじゃないか）という突っ張りの気持ちは強まるばかりで、それが

逆にぼくの心の支えになっていたのであった。

合宿では自由にルートがとれないため、ぼくは合宿に参加できない後輩を誘った。翌週、この年の四月に入会した本田君と、穂高の奥又白岩壁から滝谷への五日間の連続登はんを試みた。

後輩を連れてのビッグ・クライムははじめての経験である。先輩のマネをして、ツェルト、コンロ、シュラフ・カバー、それに食料をかつぎ、十九歳と二十歳がそれぞれ一人前のクライマーの顔をして入山。奥又白の池畔にツェルトを張り、右岩稜鵬翔ルート、Dフェース都立大ルートをまず軽く登った。

本田君は度胸も腕力もあり、ろくに岩登りの経験がないのに、岩登りのセンスは抜群で、トップをやらせても相当のものだった。

半日雨で停滞した後、A沢を登り、前穂、奥穂、北穂を縦走して、その日のうちにドームの北壁の右ルート、左ルートを各四十五分で登った。

縦走路の脇にツェルトを張ってビバークした。ところが翌日はもの凄い雨と風。持っているものといえば、ツェルトとシュラフ・カバーぐらい。三千メートルの稜線はこういうときは寒い。足にセーターを巻き付け、ツェルトとシュラフ・カバーの中に入り、二人で一晩中ガタガタ震えているだけだった。

翌日、やっと晴れたので、一日分貯えた気力を爆発させ、滝谷の連続登はんを試みた。

それは第四尾根からツルムの右岩稜、C沢右俣奥壁。ろくにルート図も見ず、出鱈目のコースをたどったため、第四尾根の取付きをはるかに下がりすぎてしまった。ボロボロの壁を適当に登っていくと、ピークに立つ。ツルムの頭であった。眼下にC沢右俣奥壁が見える。

下降してその取付きに立ったとき、本田君が頭痛を訴えはじめた。高山病である。これは下山しなければ治らない。でもどこかの壁を登らなければ稜線に出られないので、本田君には悪いが、少しの間がまんしてもらい、奥壁の雲表ルートを登り、涸沢に下った。というわけで、この連続登はんではあまり成果を上げることができなかった。

この頃からぼくは、山岳会という組織に不満をもちはじめた。どうもパーティを組む相手に恵まれていないと思いはじめた。

山という大自然は、夏冬を問わず、ぼくの目の前に立ちはだかっている。それなのに、先輩たちはちょっと頼りなく、新人の後輩たちはまだ力不足。唯一尊敬していた中村さんも、ぼくが第三スラブを登はんして生意気なことをいって以来、すぐ退会してしまった。

ぼくはどんな岩場をトップで登っても、会員の冷ややかな無視する態度に会って、いつまでたっても霧峰山岳会のリーダーになれなかった。

なにをどう修業したらリーダーになれるのかと思った。腕を磨けば磨くほど嫌われた。岩登りがうまくなればなるほど、いやがられるのは何故か、まったくわからなくなった。リーダーになってビシビシ仲間を鍛え、素晴らしい先鋭的なクライマー集団の山岳会を作っていきたかった。それなのに誰もぼくを認めてくれなかった。

リーダーの資格って何だ。リーダーになれないことは、クライマーとして半人前じゃないか。リーダー会にも入れてくれない。ということは、合宿などのスケジュール計画に参加できないので、行きたいところへも行けないわけだ。（そんなことってあるか）。ぼくは次第に心が憂えるのを感じた。

もっと素晴らしい登山、先鋭的な登山をするには、これでは駄目だと思うようになってきた。これではぼくの限界を高めることはできないと思いはじめ、昭和四十三年十一月、ぼくは霧峰山岳会を退会した。

二十一歳〜

思いあがりのすえ、霧峰山岳会を飛び出してしまったが、山行は思うようにいかず、明星山にルートを開拓するまで、辛く苦しい時が流れた。山の仲間の大切さを、いやというほど知らされたのもこの時期であった。

豪雪の海谷山塊千丈岳

昭和四十三年十一月

「長谷川さん、この山知ってる？」

霧峰山岳会をやめる寸前、谷川岳幽ノ沢中央壁へ一緒に行った武田さんが、ぼくに一枚の山の写真を見せた。千丈岳南西壁の写真だ。その壁は鋭く天を衝き、まるでアイガーの北壁のようにぼくの目に映った。

「ここはまだそれほど手がつけられていないので、行ってみない？」

この南西壁は、東京の一、二の山岳会が手をつけたばかりの状態であった。

ぼくは谷川岳烏帽子奥壁の中央カンテで転落したにもかかわらず、それ以来冬季の登はんに自分の将来の方向を見出し、同時に夏は、ルート開拓や連続登はんといった領域に、自分の登山を賭けていた時期であった。そのため未踏という言葉に、異常な魅力を感じた。それまでは、日本の岩場ではもはやルート開拓の余地はないと思っていたから、渡りに舟であった。

山岳会をやめる前、会長宅へ山行許可をとりに行ったときのことを、ふと思い出した。

「会長、もっと連続登はんやルート開拓をすることによって、会全体の能力を高め、もっと大きな山、難しいルートを会全体の力として望めるようにしてゆくのが、山岳会の使命じゃないですか。いつも同じような登はんばかりしていては、アルピニズムといえないんじゃないですか。だから、会員の望む難しい山行をもっと許可してほしいのです」

「うちの山岳会ではそのようなことはいらないんだ。平均的な山登りをしていればいいし、背伸びをしてはいけないんだ」

「能力あるアルピニストを育てるのが、会の使命じゃないですか。金坂や滝田など努力している連中に、もっともっと登山許可を与えてもらえないでしょうか」

「そんな能力、彼らにはないよ」

「やらせないだけじゃないですか。ぼくが見た範囲では、ゲレンデでは先輩よりうまくなっていますし、精進も重ねていますよ」

「長谷川、お前いくつだ。入会して何年になるんだ。会の先輩たちがやってないことを後輩がやるなんて許せないぞ！」

結局、水かけ論だった。ゲレンデで見ても、金坂や滝田たちは確かにうまくなっている。ぼくは、彼らが今もっている山への情熱と能力を評価しないで、入会して何年という年数、序列だけで能力を評価する会の方針が、どうしても理解できなかった。「武田さんだって人工登はんをとことんやってますよ。衝立のハングだって、結構うまく乗越しますよ」

別にぼくは後輩の味方ではない。ただ正当な評価をしてもらいたい、彼らに入山許可を与えてもらいたいだけなのだ。結局会長との話し合いでは、金坂―滝田組の連続登はんは駄目、長谷川―武田組の衝立行きも駄目となった。

たかが衝立へ行くぐらいで、と私は腹の中で思ったが、この時はまだ霧峰山岳会では三人ほどしか衝立を登っていなかった。私は過去に、三、四度衝立を登っているので、パートナーは誰でもかまわなかった。そうしたことも反発をかった原因であった。

何もわかってもらえず、これ以上話しても無駄とわかり、私は「はい、わかりました」と言って会長宅を辞した。帰りの道すがら、これ以上霧峰にいても仕方がない、やめようと思った。と同時に、実力行使を試みていた。

会長の言葉を無視し、金坂と滝田を一ノ倉中央稜からコップの左岩壁の連続登はんに送り出し、私は武田さんと衝立を登った。

帰ってきてから、共通の秘密をもった仲間意識の中にいることと、それに気づいていても何もいわない先輩たちがおかしくてならなかった。武田さんが千丈岳南西壁の写真を持ってきたのは、そんな時であった。

山岳会の方針として、厳しいアルピニズムを求めることは御法度となってしまった以上、ぼくは退会した。そしてまず、この千丈岳南西壁にルートを開こうと決心した。

昭和四十三年十一月、武田、金坂、ぼくの三人で千丈岳に向かった。実はこの山行が、よきにせよ悪しきにせよ、私の登山の転機になった。

富山県に近い新潟県の糸魚川より、来海沢第一発電所までタクシーで入る。発電所の裏を通って、山境峠で南西壁の偵察をする。大きな壁である。海谷川より南西壁のルンゼを登り、オーバーハングの真下よりに取付く。

いや難しい。もう困難の極限であった。岩はボロボロ、一日でやっと二十メートル登って、キャンプ・サイトへ戻るという繰り返しだった。ハーケンはすぐに抜けてしまうし、ボルトも利かない。そしてフリーも極度に難しい。日数もなくなったので、(いつかここにルートをつけてやるぞ)という決心のもとに、いったん下山した。

二度目の挑戦をその年も押しつまった十二月二十九日に行なった。

もし達成できれば、ルート開拓と共に、冬季初登はんの二つの記録が同時に生まれる。ぼくたちは一度試登しているし、ザイルもその部分にフィックスしてあるので、自信満々で入山した。

品川から正月の帰省バスに乗り、糸魚川からタクシーで入れるところまで入ってもらい、来海沢第一発電所をぬけて山境峠を越すと、目前に雪をつけた堂々とした千丈岳南西壁が見えてきた。

もうワクワクしてきた。ルート開拓本番だ。まわりのみんなも張り切っていた。ベース・キャンプの設営も、まるでキャンプにでも来たかのように、金坂も武田さんも大森さんもはしゃいでいた。私と武田さんと金坂で取付きまで荷上げをし、ザイルをフィックスする。みんなはいよいよ明日からアタックという緊張感を肌で感じ、同時に、成功の期待感であふれていた。

しかし翌日は雪になった。しんしんと降り続き、夕方には雷をともなってさらに豪雪になった。気楽に紅白歌合戦をトランジスター・ラジオで聞きながらトランプをしているうちに、テントがかしぎ始める。除雪のために外に出たとたん、テントの後ろの大きな岩から落下した大雪に、大森さんが埋まってしまった。もうトランプどころではない。休みなく降る雪に、除雪は何度も繰り返された。

誰から言うともなく、「これじゃ無理だ。いったん戻ろうよ」ということになった。一晩降り続いた雪は、なおも降り続いている。テントは三分の二以上埋まってしまった。

戻るといっても容易ではない。入山の時はほとんど雪がなかったのに、山境峠から三十分ほどのこの場所は、戻るとなると必死のラッセルをしなければならない。荷物が重いせいもあって、首までもぐってまだもぐる感じだ。ぼくだけから身になって、ラッセルをする。十時間のラッセルの後、やっと山境峠に着いた。

テントを張った時は、もうあたりは薄暗くなっていた。サラサラと降る雪の音以外は何の物音も聞こえなかった。食料はあまり持っていないし、荷上げもしてしまっている。暗いテントの中であった。

なんとかその夜をおくり、大森さんは帰ることになった。ぼくは下の村までトレールをつけ、金坂と武田さんは発電所まで荷物をおろし、出直す準備をする。

ぼくが大森さんのためにラッセルをしている間、金坂と武田さんは発電所に交渉し、物置きを借りることにしてきた。豪雪地帯の発電所だけに大きなヒーターや送風機があり、濡れたものすべてを、あっという間に乾かしてくれたのには驚いた。

食料があまりなかったが、幸い大量のニンニクがあったので焼いて食べた。それからぼくと金坂で、ワカンを借りて取付きまで行き、荷上げした食料をかついで戻った。

この頃、剣岳をはじめあちこちの山で、大量の遭難事故があったことを、帰路の新聞で知った。ともあれ、精神的にバテバテで、発電所の人たちにお世話になったことに感謝するだけの、千丈岳南西壁開拓であった。

その後も、南西壁のルート開拓は進まず、冬季登はんは思うような成果があがらなかった。パートナーはほとんど金坂であり、その頃はどこへ行くにも一緒であった。

この年に父が亡くなった。また千丈岳南西壁の写真を持ってきてくれた武田さんは、一ノ倉で転落してけがをして、登はんを放棄したし、夏は夏で北岳で、一週間も雨に降りこめられたりした。というわけで、この年は、いささかの挫折感を禁じえなかった。

そこから明星山に活路を見出し、その南壁に一本目のルートを開くまでの長い辛い日々が始まった。退会したものの、何の成果もあがらず、気持ちは沈みがちだったが、金坂がパートナーにいることによって、支えになり、頑張ることができた。

一ノ倉衝立岩で宙吊りになる

昭和四十四年二月

考えても身の程知らずだった。

冬の経験もそんなになく、夏だって五十本程度しか登っていないぼくが、二月の衝立岩からコップ状の正面岩壁まで行こうというのだ。まさに大胆不敵、大それた考えだった。

トップで衝立岩を登りはじめた。荷物も重く、気が狂いそうに辛かった。羽毛のズボンをはいていたが、下は汗びっしょり。真冬なのに汗が滝のように流れ出るのであった。日が昇ってくると、雪がとけて岩肌に水が流れはじめた。必死の登はんにぼくは時のたつのを忘れた。

第二ハングを乗っこし、鎌形ハングにさしかかる手前で、ドームのところに太陽が隠れた。あとワンピッチでテラスがある。そこまでいけばビバークできる。それでぼくは焦ったのかもしれない。

さきほどまで目の前を落ちていた岩肌の水が、みるみる凍っていった。寒い。

(これはいけない。急がなければ)

そう思い、あわててアブミをかけかえたとたん、ハーケンがスポンと抜けた。

「あっ」と思った瞬間、第二ハングの下に宙吊りになってしまった。

今のような安全ベルトと違い、五メートルほどのザイルを体に巻いてベルト代わりにしていたので、苦しくて耐えられなかった。以前、自衛隊が機関銃でザイルを撃って遺体を収容した同じ場所である。

（もうダメだ。絶対に助からない）

ほんとにそう思った。しかし、何とかしなければいけないという闘志だけは、まだあった。

金坂にザイルを投げてもらった。ところが空中に吊り下がったままでは、何かやろうとしても何もできない。壁から二メートルほど離れて木が見えたので、ぼくは激しく身体を揺すった。そして、やっと細い枝をつかむように持った。ゆっくり、ゆっくり、その枝の太い方へ手をずらして行き、根元まで手が届いた。シュリンゲをかけて、アブミをかけ、金坂にザイルをゆっくりゆるめてもらう。体重がアブミにかかり始めた瞬間、メリメリメリと音がした。ザイルをゆるめてもらうと立ち木が折れ、ふわっと再び宙吊りになってしまった。

わらをも摑む思いである。ザイルを三重に巻いた腹はしめつけられるし、もう大分時間がたっているので頭はボーッとしている。

ザイルをいっぱいに下ろしてもらったが、もうこのまま死んでもいいやという気分になってきた。思考能力がうすれてくると、楽な方、楽な方へと考えがいく。

ふと気づくと、かつて登ったことのある雲稜第二ルートがすぐ右に見えた。そして、縦にクラックがある。そこまで振りこめばどうにかなると、逆に闘志がわいてきた。

身体をめちゃくちゃに揺らし壁に体当りをする。そして左手で壁を押して、右のクラックまでの振り子を試みた。うまくいったと思った瞬間、わずかの差で届かない。気が遠くなる瞬間だった。最後の気力をふりしぼって、今度は左手で体を押し出すようにやってみた。

クラックが近づいた。

思いきり、クラックの中に手を突っこんだ。

手は血だらけになった。が、まずは止まった。

上を見たらハーケンがあった。アブミをかけ、自己ビレーして、ほっとする。上の金坂に叫んだ。

「ザイルゆるめろォ」

ザイルの末端を持って、金坂が下りてくるのを待った。

「大丈夫ですか」

金坂の声を聞くまで、ぼくは完全に恐怖の中にいた。あと二回懸垂下降をすれば、取付きに下りられるのだが、何しろこわかった。もう一歩も動くのがいやだった。金坂とふたりで、アブミに乗ったまま、こうこうと照る月明りの中で、ビバークした。

翌日、荷物を下に投げ、グリセードでザーッと雪の中を下りてきてしまった。雪崩はこわくなかった。

(あそこで死ななかったんだから、絶対雪崩なんかにやられないよ)

一ノ倉の出合まで戻ったが、まったく動けない。翌日もう一回行こうと金坂と相談したが、ぼくはもう動けなかった。動けないというより、動くのがイヤだった。全身が否定しているようであった。

金坂は、土合まで行って酒を買ってきてくれた。

「これで元気を出して、もう一度やりましょうよ」

ぼくは金坂の好意に感謝しつつ、一気に酒をあおると、明日の身体の調子を待つことにして眠りについた。

翌朝、起きようとすると、腹筋が痛くて動けない。やっとのことでトイレに行くと、真っ赤な小便。死線を越えていたのかもしれない。

身体はなんとか動かせても、精神的にうちひしがれたものはなかなか回復しない。金坂もぼくのザイルを二本、確保していたため、まさつで指の肉がそがれていた。ぼくたちは当分、岩登りはできなくなってしまった。

その後はひどい。どうにか心を奮いたたせてゲレンデに行っても、以前のようにトップで登る元気がなかった。金坂の家へ遊びに行っては、夜通し、山の話をするぐらいが、せめてもの楽しみであった。

そんな時、父が死んだ。脳溢血であった。昭和四十四年、ぼくが二十一歳の時である。うちひしがれているぼくに、山の先輩たちはいろいろなことをいった。

「お前は親不孝だ。いまみたいな無謀な登山を続けているなら、山などやめろ」と。

そんな時、ぼくを励ましてくれたのが母であり、姉であった。

「恒男、いま一家は沈んでいる。しかし、家族ひとりひとりは生きる希望を持っていなければいけない。恒男の希望は山なんでしょ。だったら決してひるむことなく、どんどん自分の可能性に挑戦しなさい」

先輩同様、もう山はこれを機会にやめなさいと言われると思っていたぼくは、その言葉がうれしかった。次男坊の特権のように家族の中ではみなに庇護されて山に行っていたぼくは、このように理解されたことに心から感謝している。

明星山南壁へ

昭和四十四年秋

その後、心を奮い立たせてぼくは山に行った。が、どの山に登っていても、葬式の時のお経の文句が耳につき、母のぼくを呼ぶ声がずっと聞こえてくる。恐ろしかった。もう登れないと何度も思い、金坂には悪かったが、ワンビバークすると帰ってきてしまうことが続いた。

（しばらく駄目だ）

岩登りの基本からやり直さねばと思い、ゲレンデへよく出かけた。そのころから近藤幸子さんが一緒についてくるようになった。彼女はテレビ調整の仕事をしており、佐藤はつ子さんと共にコロムビア山岳部へ入ってきた。小柄で丸顔の日本的な女性だった。佐藤さんは同じ職場の女性で、近藤さんと親しい間柄なので、お互いに誘いあって入部した。近藤さんは特に岩登りに興味をもち、ぼくが金坂とゲレンデに行けば、一緒について来るといった具合で、メキメキ腕をあげていった。

その近藤さんと金坂、それに大森さんとぼくの四人で、その年の夏、北岳へ行った。ところがついていない年はすべてうまくいかず、五日間連日の雨。食料が尽きたので、近くの国民宿舎へ、炊いたご飯を買いにいけば、ご飯の中にはタバコが入っていてまったく食べられない始末。

もう完全にめげてしまった。退会後の半年間に、千丈岳で豪雪、衝立で転落宙吊り、父の死、そしてこの連日の雨。ぼくはもう立ち直れないかと思った。

さらに千丈岳南西壁の写真を持ってきてくれた武田さんが、谷川岳で転落する事故が起きた。

金坂とふたりで衝立岩の取付きにいたところ、人がやってきて、「長谷川さんって人、いますか」という。「ぼくですが……」というと、「お連れさんが下で落ちましたよ」という。

武田さんは女性ではあるが、たびたび一ノ倉通いをしているので、あまり気にもせず、ぼくたちは思い思いに中央稜のテールリッジを登り、遅れた彼女を待っていたのだった。

近くにいた友人たちが手伝ってくれたので、すぐに下ろすことができた。またけがも大したことはなかったが、谷川岳の入山許可をとるのにコロムビア山岳部の名を借用して出していたため、後日問題が起きてしまった。

月曜日に出社してみると、登山届は安西さんをくどき落として書いてもらったものだということがみんなにわかってしまった。安西さんにまず詫び、ことのいきさつを話した。安西さんは、「大事に至らなくてよかった」といってくれた。だが、他の部員たちはそれではすまなかった。

普段小生意気なぼくは、その日の昼休みに行なわれた山岳部の臨時部会の始まりで、陳謝した。ところが一通りの会議のあとで、「ちょっと質問があります。うちの部に武田という女の子はいるんでしょうか」

冷たい質問だった。部会の始まる前に深謝し、説明したにもかかわらず、それには一切耳を貸さず、再び同じことを取り上げるとは。ぼくを徹底的に痛めつけ、二度と立ち上がれないようにする意図がそこに見えた。こうした弱味につけ込む汚い手口に腹もたったが、ぼくはがまんせざるを得なかった。ごうまんともいえるほど有頂天であったぼくに対する、これは復讐であったと思う。

ぼくにはもう半ば、闘う意志はうすれかけていた。しかし、孤立無援ではなかった。その場をとりなしてくれた安西さん、数は少ないとはいえ、ぼくを信頼してくれている金坂がいたし、大森さんもいた。また、まだ未熟だが近藤幸子さんもいた。

昭和四十四年九月、精神的に閉ざされた中から、どうにかはい上がろうと傷心のぼくは、明星山のルート開拓にそのすべての怒りをぶつけてみようと思った。今までルート開拓していた山域をあきらめ、心機一転のつもりで、大森さんと千丈岳より西に十二キロ離れた明星山へ向かった。

はじめからルート開拓が目的であり、手土産がわりにボルト百五十本、ハーケン百枚、アイスハーケン二十枚、アングルハーケン十五枚、クサビ五本、ジャンピングホルダー五本、キリ二十本をひっさげ、まだ空白である壁の確認にきたのであった。

ところが、ここも雨であった。

「とにかく、大森さん、偵察しよう」

ぼくはもうやけくそに近い状態で、南壁、左壁、右壁の偵察を行ない、下山した。


翌週、金坂と近藤さんを連れて、再び明星山に向かった。東壁ルンゼよりドーム正面壁を登り、P6フランケの偵察を行なった。偵察を終え、懸垂下降中、蜂に刺されてしまった。村まで薬を買いに下ったが、どこにも売っていない。まさに泣きっ面に蜂である。やむを得ず近くの酒屋で酒を飲み、内側からアルコール消毒をした。

翌日、朝早くから南壁対岸の林道へ登り、南壁の偵察を行なった。五本ある南壁の各ルートは、南壁の中央部にある大バンドへすべて出ていて、ハング帯の折り重なっているその中央バンドより上部の岩壁は、いまだに空白状態であった。

ルートの取付きを下部ダイレクト・ルートの右にある泥のルンゼに決め、真っ直ぐ南壁のピークまで登るべく、ぼくたちは昼すぎ勇躍取付きに向かった。

小滝川の河床よりガレ場を登り、泥のルンゼに入った。ルンゼを七、八十メートル登るとブッシュ。そこをアンザイレンテラスにし、ザイルをつけて登はんを開始した。バンドを五メートルほどトラバースし、かぶり気味の壁に一本目のハーケンを打ちこみ、アブミをセットした。はじめから人工なのが不満だが、静かに乗ってジャンピングで穴をこじり出す。ところが二本目のボルトを打ち、アブミに乗ると岩が欠けてしまい、二メートルほど落下してしまった。はじめに打ったハーケンが利いていたおかげで、壁に叩きつけられずに済んだのがせめてもの幸いであった。

改めて登り直し、ボルトを二本打ち、早々にトップを金坂と交代。ボルトを打つ単調な音が明星山にひびく。ぼくの精神状態もやや安定してきた。四時間かかって十五メートル登り、第一ハング下に着く。近藤さんは女性ながら、第一ハングの乗越しをやりたがるのでトップに送り出した。五十センチほどの庇の上に手を出して懸命にジャンピングで穴をこじるが、なかなか穴があかない。そのうちものすごい強風が吹き荒れたかと思うと、見る間に雨が降り出したので、その日はこれまでと思い、下降することにした。泥のルンゼを下り、遭難碑のある大岩の下でビバーク。

翌朝、水の音で目を覚ますと、すぐ近くまで川が増水している。

「おい、大変だ。起きろ、起きろ」

ぼくはあわてて金坂、近藤さんを起こし、装備を全部、大岩の上に移した。するとどうだろう、十分もしないうちに、いままで寝ていたところが濁流の下になってしまった。ぼくたちは自然のすさまじさを見せつけられ、逃げるようにして下山した。

しかし、ぼくはあきらめなかった。ここであきらめたら、もうぼくに残された気力まで失なわれてしまう。生きていること、努力することへの執着心などすべてを失なってしまうような気がした。とり憑かれたように、またまた明星山へ向かった。


翌週、金坂といっしょに糸魚川の駅で寝すぎてしまい、始発に乗り遅れた。二番電車で小滝駅へ行き、急いで南壁に向かった。

南壁の取付きに来ると、ぼくたちと同じように南壁にダイレクト・ルートを開くべく、長岡市からやってきたというパーティに会った。彼らも上部岩壁に新しいルートを狙っていて、取付きも同じところを予定していた。彼らの代表と一時間ほど話し合った結果、おかしな協定が結ばれた。

「それじゃこうしよう。ぼくたちはこのままルートを延ばすことにするけど、上部岩壁の中央にある大凹角より左にルートをとらない。だからあなたがたも、そこからは上部岩壁の大凹角より右に入ってこないでください」という内容であった。

話がついたので、ぼくと金坂は登はんを開始した。

十時、アンザイレンテラスより左にトラバース、人工で第一ハング下までいった。前回の引き返し点だ。五十センチほど張り出した庇の上に手を伸ばし、ジャンピングで穴をこじり出した。体勢が悪く打ちづらかったが、前回、近藤さんが下穴をあけて置いてくれたおかげで、あまり時間をかけずに第一ハングを乗越せた。

ハングの上をフリークライムで五、六メートル登り、小さなバンドに出た。ザイルに引きずり落とされそうな体勢で、ようやくボルトを一本打ちピッチをくぎった。金坂を迎え、そのままトップに送り出した。ジャンピングを打つ単調な音、三、四十分に一回、ボルトからボルトへ移る動作、そんな繰り返しが何回か続くうちに第二ハング、第三ハングと越え、つげの木の生えているバンドに出た。二十メートルを四時間かかった。

あたりはうす暗くなってきた。いったん下降することにして、金坂に下りるよう伝え、空中懸垂で四十メートル、取付きのバンドに着いた。ザイルを回収し、川床へ下り、岩陰にビバーク。

翌朝、取付きは七時。一時間半かかって昨日の到達地点のつげの木のバンドに登る。これよりフリークライムでスラブを登りはじめた。七メートルほどいくと、行きづまったので、ハーケンを打ち、人工登はんに切り換えた。またジャンピングを打つ単調な作業がはじまった。一本一本のボルトを丹念に打ちこみ、一歩一歩前進する。

ボルトの数を少なくするために、時にはボルトの上に乗ってボルトを打つこともした。七時間の闘いの後、第四ハングを越え、三十五メートルを勝ちとった。ボルトを二本打ち、人工テラスを作ってピッチをくぎった。

隣りのルートでは、昨朝話し合ったパーティが下部ダイレクトを三ピッチ登り、そのまま真っ直ぐに凄い勢いでザイルを伸ばしている。

トップを金坂に交代。金坂は頭上五メートルの下部城塞を人工登はんでぬけ、ハングの上に消えていった。

しかし、落石ばかりあって、一向にザイルは伸びない。そのうちあたりがうす暗くなりはじめたので心配になってきた。六時、ようやくテラスに出たらしく、ボルトを打つ音がしたので、ほっとした。コールがかかったころ、もうあたりは真っ暗。ぼくは登ろうとしたが、ヘッドランプがないので登ることができず、分散ビバークになった。

なかなか寝つかれない。時々、ザイルを引いてはコールを交わす。そのうち、睡魔に襲われ、うとうとしだす。突然、闇の中に引きずりこまれる夢を見て、はっと我にかえる。気づくと足下に空間が広がり、小滝の村の明かりが見える。頭上には星がまたたき、とてもきれいだ。ぼくはまたいねむりをはじめた。

あまりの寒さに目を覚ますと、東の空が明るくなり、海谷山塊が黒いシルエットになって浮かびあがっている。ぼくは、あたりが明るくなるのも待ちきれず、登はんを開始した。下部城塞を登り、チムニーをぬけ、草付きに出ると、十メートルほど上に金坂がいた。

彼も心細かったらしく、十年ぶりに会った友だちのように、いろいろなことをひっきりなしに話しかけるのであった。

夜食と朝食を同時にすませた。ところが、意気込んで次のピッチを登り出そうとした時、雨が降ってきた。みるみるうちに目の前に広がる白いスラブは黒いぬるぬるのスラブに変わり、ツルツルすべって、とても登れる代物でなくなってしまった。

ボルトを打って登るのもしゃくなので、下降することにした。滝のように水の流れる壁を空中懸垂をまじえ、三ピッチで取付きバンドに下り立った。ザイルを回収し、泥のルンゼを下りてひと息。あいかわらず雨が降り続いている。

結局、荷物をまとめ、何度も何度もふり返りながら、後ろ髪を引かれる思いで下山したのであった。


もう完登は目の前だ。金坂をパートナーに、第三回目のアタックはそれからひと月後の十月十日であった。サポートに近藤さんが来てくれた。

「長谷川さん、今度は登ってね。金坂さんもがんばってね」

近藤さんは女らしい心づかいを見せ、激励してくれた。

連休の上野駅でいつも乗る急行「越前」には乗れず、小滝駅に着いた時は、もう午前十時を過ぎていた。

紅葉たけなわの林道を歩いて一時間、南壁対岸に天幕を張った。装備を整理し、近藤さんに見送られて南壁取付きに向かった。

十二時、登はん開始。水、食料、装備をふたりで分担して登り出した。荷が重く、ピッチがはかどらないので荷上げすることにした。前回の最高到達点に着いた時は、もううす暗くなっていた。

急いで荷物を上げようとしたが、ハングの庇にひっかかって動かない。強引に引いたひょうしにザックの金具が壊れてしまい、大事なザックは不気味な音を残して落下していった。

おかげで不自由なビバークをよぎなくされた。どうもスムーズにいかない。

夜半からまた雨になった。もう雨ばかり。ビバークをしたテラスを「雨降りテラス」、雨が降るとぬるぬるになる極度に危険な目の前のスラブを「雨降りスラブ」と名づけ、下降した。空中懸垂を交え、三ピッチで取付きのバンドについたが、下降中、九ミリザイルが岩角にひっかかって回収不能になり、六ミリの細びきと九ミリザイルで下降をよぎなくさせられた。

昨夜落とした荷物の残骸を拾い集め、天幕に帰って天候の回復を待つことにした。

翌日は本来なら下山予定日。しかし、ぼくはどうしても帰る気にならない。これだけ雨にたたられながらも、いいところまで進んでいるのだから、ぜひとも完登したい。それに、精神的な沈みから、一刻も早く抜け出したいのと同時に、なかなか思うようにならないこのルートに、一刻も早くケリをつけたかったからである。金坂も同じだった。相談した結果、昼まで待って天気が回復した場合、取付くことにした。

その場合、下山が二日遅れるので、そのむね家や会社に伝えてくれるよう、その日下山する近藤さんに頼む。

十時頃になって雨がやみ、壁がかわいてきた。今度こそ取付いたら絶対下りないと心に誓い、取付きに向かった。登はん開始十二時。

今日までに切り開いたルートを一気に登り、前日名づけた「雨降りテラス」に着く。ここまで四時間。すぐに「雨降りスラブ」のアタックをはじめた。

スラブはツルツルだがよく乾いている。スラブの真ん中のチムニー状をまっすぐ登り出した。ホールド、スタンスともに細かいので、壁をなめるように進む。三十五メートルほどで上部城塞部に着き、ほっとした。

ザイルをフィックスして、いったん「雨降りテラス」へ下降。夜六時、自作の青いブランコに乗ってビバークした。

翌朝八時、フィックス・ザイルを使って城塞部に登り、ブランコに乗って金坂をジッフェル。城塞基部のバンドをトラバース、かぶり気味の黒い壁に金坂がカーンカーンとボルトを打ち出した。

そのあいだぼくは、彼の濡れたニッカーを目の前の灌木にひっかけて乾かしてあげた。ボルトを連打して直上、V字型ハングの左側をぬけ、オーバーズボンをはいて登っていた金坂の姿が、ぼくの目から見えなくなった。

三十分ほどするとコールがかかった。ぼくは彼のニッカーを細びきの末端にゆわきつけ、腰にぶら下げ、人工登はんで彼のいるテラスに登ってゆく。ニッカーも空中をフワフワついてくる。そのうち大きく張り出した栂の木にニッカーがひっかかってしまったので、金坂に捨ててしまうよう伝えると、すごい勢いで抗議の声が飛んできた。「ぼくにパンツ一丁で登れというんですか」。やっと木からニッカーをはずすと、彼のいるテラスに登り着く。二十メートルを六時間かかっている。目の前にあるガレたルンゼを登ると、左に岩峰があった。よいビバークテラスなので、時間は早いがビバーク態勢に入った。足を長々と伸ばしての快適なビバークだった。

翌朝、今日こそ登らなければと、ぼくたちは朝食を軽くすませ、食料、装備の点検をした。ボルト、ハーケンは充分にあるが、食料がなかった。あるのは水百cc、クラッカー一袋、ハム二本だけだったので、時間のかかる直登はやめ、壁の弱点を徹底的につくことにして、八時に行動を開始した。

正面は全体がハングしているが、右上に延びるバンドがある。それを利用してハング帯をぬけるべく取付いた。壁がかぶり気味なので、外へほうり出されそうになりながら、トラバース。ハング上のクラックに入りこみ直上、テラスへ出た。太陽はギラギラ輝き、私たちを照らし続ける。右に走る広いバンドにそってカンテを回りこんでビレー。それほどむずかしいピッチではなかった。

しかし、次のピッチでハング帯に行く手を阻まれてしまう。ハング帯の中で一番小さなところを狙って登るより方法がない。ハーケンを打つのも忘れ、夢中でハングを越え、上のテラスに出ると、またハング帯。

今度は右側のバンドを斜めに登りはじめた。ところが十五メートルほど行くとバンドがなくなり、ルートが断たれてしまった。ハーケンを四、五本打ち、どうにか上のスラブにはい上がれたが、テラスなどはない。必死の思いでスラブをぬけ、かぶり気味の凹角を登ってようやくテラスに着いた。

いままでは雨に悩まされたが、今度は太陽に苦しめられ、喉がカラカラに渇き、息をするのも辛い。

早くピークに立ちたいため、休まず登り出す。松ノ木の間をぬけ、左にトラバース。ハングの間のチムニーを三十五メートルほど登り、ピッチを切る。十メートルほど壁を登ると灌木帯に出た。なお灌木帯を登ると大岩があり、ここでピッチを区切った。目の前にはもう壁はなく、見えるのはP6フランケの壁だけだ。右岩稜を四十メートル登ると、目的の南壁の肩に出た。ザイルをグイグイ引く。金坂のうれしそうな顔が登ってくる。十三時三十分、登はん終了。固い握手を交わした。

強い感激はなかったが、何か大きな束縛から解き放たれたような複雑な気持ちであった。きっと日がたつにつれ、もっともっと喜びが胸の中に湧いてくるだろうと思った。

しかし、苦しめられた。雨でさんざん痛めつけられたと思ったら、今度は太陽だ。喉がカラカラに渇き、指がすり切れ、ホールドを摑んだ手はグローブのようにはればったかった。

しかし、ついに完登したのだ。小休止ののち、西壁の猛烈なブッシュ帯を下降し、小滝川にふたりともザブンと飛びこみ、カラカラの喉をうるおした。

ひとつの完登、ルート開拓によって、ぼくは忘れかけていた登山への情熱のエネルギーをまた貯えたような気がした。そして、また新たな壁にファイトを燃やしたのであった。

明星山P6フランケ正面壁

昭和四十四年十一月〜四十五年五月

南壁のルートの開拓が終わり、日がたつにつれ、その喜びは胸いっぱいに広がって行った。今まで持っていなかった力が、自分の中に湧き出たような気がする。一つの壁に情熱を燃やしたとき、その壁を落とすまで、徹底的に通い続けろといわれたことを思い出したのである。何度も同じ壁に通い、なかなか登れないことへの不満にも慣れてきたような気がした。空白の壁にルートを作っていくそのラインは自己表現であり、引き上ったときの喜びを私は南壁のルート開拓で知った。そしてその喜びを再び味わいたくて、次の目的であるP6フランケに精力を傾けはじめた。

P6フランケは、ぼくが行く二年前の昭和四十二年十月に、グループ・ド・ボエームの人たちにより、正面壁と左壁との間に、P6フランケルートが開拓された。ぼくは正面にダイレクト・ルートを開くべく、南壁ルート開拓の一ヵ月後に、明星山に向かった。パートナーは金坂と近藤さんで、第一回目の試登をした。

南壁対岸の林道に立ち、黒々とそびえるP6フランケを眺めながら小休止。あたりはすっかり晩秋のけはいに包まれていた。林道を下り、小滝川の河床に下りて、ぼくたちは東壁ルンゼを登り出した。

登はん用具の詰まったザックは重く、ルンゼの登はんは大変なので、巻き道を登ってF4の上に出た。ここから、ドームの前より流れ込んでいる細いガレ沢をたどり、南稜のコルへ登り着いた。

ぼくは登はん用具の整理とP6フランケの偵察、近藤さんは東壁ルンゼからの水の荷上げをして、第一日目は早めにビバークした。

翌朝、四時半起床。南稜のコルを六時に出発し、P6フランケの取付きへ向かった。ワンピッチ目は頭をハングに押さえられたバンドのトラバースであるが、フィックス・ザイルがあったので、なんなく取付きの大バンドに達する。ここから正面壁にルートを開きはじめる。さすがにノーマル・ルートは壁の弱点をついた素晴らしいルートである。登り出すと無意識のうちに、そちらにルートを選んでしまうほどだ。だが、昨日偵察してあった小さなわかりづらいクラックにルートをとった。

ハングをひとつ越え、クラックをよじったが、十五メートルほどで行きづまって敗退。やむを得ず、もう一度取付きのバンドへ下り、改めてルートを探すことにした。

今度はP6フランケルートを六、七メートル登り、右の小さなカンテにルートを求めて登り出した。しかし、ここもハング帯に行く手を阻まれてしまった。どうにかして越えようとしたが、粒子の細かい岩なのでハーケンもボルトも打てず、直上は不可能。右手にテラスらしきものがあるのでトラバースを試みた。ところが、アイスハーケンを打ってもきかず、ヒヤヒヤしながらやっとテラスにはい上がった。

金坂、近藤さんを迎えて、次のピッチにかかった。垂直のクラックをよじり、菱形フェースの下に出た。そしてバンドを登り、カンテを回りこんで直上し、大テラスに出た。

テラスにはボルトが一本打ってあり、ガッカリした。どうもP6フランケルートに合流してしまったらしい。

ぼくはP6フランケルートより離れるべく右に大きくトラバース気味に登り、赤茶けた大ハングの左にあるチムニーの入口でピッチを切った。

正面壁の真ん中に来たと推測したぼくは、チムニーを真っ直ぐに登り出した。十五メートルほど登ると、チムニーは被り気味のクラックに変わってしまった。ホールドがガッチリしているので強引に登り続けた。

二十五メートルほどよじると、被り気味の壁に阻まれてしまった。幸い右側に岩のでっぱりがあったので、それを利用してカンテを回り込み、小さなバンドに立った。ザイルは空中に浮いていて、金坂、近藤さんは足下に見える。高度感があり、ハーケンが一本ほしいところだが、リスがないので打てず、また登り出した。

ホールド、スタンスともに細かく、フェースを五メートルほど登ると、また被り気味のクラックにぶつかってしまった。どうにか越えると、今度はボロボロの壁。

ザイルがかなり伸びているので、身体がひきずり落とされそうだ。ピッチを切るわけにもいかず、ジワジワと岩をだましだまし、やっとの思いでハング帯下のテラスについた。この地点は林道から見てもよくわかるクサビ形の赤いチムニーの下で、正面壁のほぼ真ん中である。

ぼくはハーケンを三、四本ベタ打ちにして金坂、近藤さんを迎え、押し出されるようにハングに取付いた。そしてハーケン、ボルトを打ち、アブミを二、三回かけかえて、ひとつ目のハングを越え、チムニーの中に入った。

チムニーの中のクラックを越え、さらに上の、幅の広いチムニーに入りこんだ。そこはホールド、スタンスともに細かく、ハーケンを打つリスも見当たらない。しかたがなく、ジワジワ二十メートルほど登ると、行く手を垂壁に阻まれてしまった。幸い上にちょっとしたスタンスがあるので、そこへ移ってビレーし、ピンを打つ。高度感があり、右ルンゼの滝が足元に見えた。ハーケン一本では心細いので、ボルトを一本打ち足し、金坂に登るように合図した。

アブミの金属音がしてハングを越えているようだと思ったら、急にザイルに荷重がかかった。反射的にザイルを強く握るとすぐに止まった。ハーケンが抜けたらしい。下でどなっているが、何を言っているのかわからない。どうも宙吊りになっているらしいので、ゆっくりザイルをゆるめた。金坂はどうやらテラスに下りたらしい。

夢中で登っていたので気がつかなかったが、いまにも雨の降り出しそうな空模様になっていた。あたりも薄暗くなってきたが、適当なビバーク・サイトもないので、いったん南稜のコルまで戻り、翌日出なおすことにして下降することにした。二十メートルの懸垂で、金坂、近藤さんのいるテラスに下りた。

金坂は無傷で精神的にもたいしたダメージを受けていなかったので、ホッとした。ボルトを一本打ち足し、四十メートルの空中懸垂でチムニーの入口のテラスに着き、なお下降を続けた。せっかく登ったところを下りるのはいやなもので、損をしたような気がした。そのピッチが悪ければ悪いほど、そんな気持ちがしてならない。

三十メートルの下降で、P6フランケルートとの合流点。ここから四十メートルの空中懸垂で取付きの大バンドに下り立った。時計を見ると、もう午後五時半。急がなくてはいけない。

ザイルをつけて、ハングの下をトラバース。右ルンゼよりはじまっている草付きに出る。金坂が向こう側に着き、続いて近藤さんがトラバースをはじめたが、フィックス・ザイルをあっさり放して、ハングの下に宙吊りになってしまった。

近藤さんの悪い癖だ。ゲレンデでも苦痛を伴うザイル操作で、あっさり手を放したりしていたが、それが表われたのだ。金坂が必死に上の草付きに引き上げた。そのとき、「金坂さん引いて、長谷川さん、ゆるめて」と、まるでケーブルカーのつもりで声をかけてくる。その軽率な態度に対して注意したが、ケロリとしているので、ぼくはザイルを組むのが怖くなってきた。上からザイルを引いているときならよいが、トラバースや懸垂下降のときに、「手が痛い、肩が痛い」といって手を放してしまった場合、どうすることもできない。そして、そういうことをしてもケロリとしている彼女の態度に、ぼくは一抹の不安を感じた。

もたもたしているうちに、すっかり暗くなってしまったが、そのままコンテニアスで右ルンゼを渡り、南稜のコルへ登って、夜七時ビバークに入った。

翌朝、顔に冷たいものがあたるので、目を覚ますと、雨が降っている。不吉な予感がした。明星山ではどうも雨にたたられる。あまり登る気がしないし、近藤さんとザイルを組むことに何か抵抗を感じたので、あっさり登はんをあきらめ、早々に下山することにした。

十二月の半ば、今度は近藤さんのかわりに武蔵谷行男君をパーティに迎え、金坂といっしょに第二回の試登を試みた。

小滝駅に降り立ってみると、明星山はうっすらと雪化粧をしていた。

「少しぐらい雪がついていても変わらないや」

「そうだ、やろうぜ」

ぼくたちは相変わらずの負け惜しみを言い合って出発した。駐在所の陰険な顔をした黒犬に吠えられながらP６に向かう。

東壁ルンゼはたいした雪ではなかったが、南稜のコルへ向かうと、ガレのルンゼはかなりの積雪で、ラッセルを強いられた。

朝八時半、南稜のコル着。朝食を食べて一時間後、出発。右ルンゼをわたって、草付きをトラバース。前回、近藤さんの落ちた地点でアンザイレンし、ハング下のバンドをトラバースして大バンドに出る。

バンドは雪が積もっていたが、気温が高いためベチャベチャになっていた。前回の取付きまで登り、金坂を迎えた。次に武蔵谷を迎えるためザイルを引いた。十五メートルほど順調に登ってきたが、急にザイルにショックがかかった。

どうしたのかとのぞいてみると、武蔵谷がハングの下に吊り下がっている。上のハングに荷物をひっかけて、スリップしたらしい。金坂にジッフェルを頼み、ザイルを投げて引きあげた。精神的にはかなりのショックだったらしいが、ぼくはかまわず、そのまま続行することにして、十時半登はんを開始する。

ワンピッチ目、二回目ではあるが、抜けそうなアイスハーケンにアブミをかけてのトラバースは緊張させられた。二ピッチ目はクラックを直上、カンテを回り込んで大テラスに出たが、やはり細かいバランスだった。三ピッチ目は、傾斜もゆるく、大まかな登はんで、チムニーの入口に達した。四ピッチ目はチムニーに入り、クラックをぬけて、前より楽にハング下テラスに着き、そこで金坂を迎え、次に武蔵谷を迎えた。

しかし、最初に滑落したせいか、武蔵谷の動きがぎこちないのに気がついた。それにクラックの上の細かいフェースでスリップし、ますますかたくなっていた。

ハング下テラスに、三人が集まった時はもう午後の四時。しかしビバークするには狭いので、いったん下降することにした。四十メートルの懸垂で下のテラスに下り、雪をならして、ビバーク・サイトを作り、ビバークに入った。

夜九時ごろ、林道へパトロールカーやサーチライト車が来て、壁を照らしたり、マイクで誰かが呼びかけたりしている。昼間、南壁に取り付いたパーティがいたから遭難したのかと思ったが、どうも違うらしい。

「おーい、大丈夫かー」

「ぼくたちですかー、大丈夫ですよー」

「動かないで待ってろよー」

「何のことですかー」

一時間ほどトンチンカンな会話を上と下でやっているうちに、警察の人もぼくたちが安全であることが確認できたらしく、

「下山の際はー、小境駐在所に立ち寄ることー。君たちの安全を祈るー」

と言い残し、ウウウーッとサイレンを鳴らしてパトカーを先頭に、サーチライト車、スピーカー車、トラックなどが、意気揚々とひき上げていった。驚いたり笑い合ったりしているうちに、また夜半より雨になってしまった。

翌日は、夜からの雨ですっかり身体も冷えきってしまい、さらに空はいまにも雪が降り出しそうな天気なので、ぼくたちは残念ながら再再度、登はんを断念した。

昨日のことが気がかりだったので、雨の中を急いで下山。駐在所に立ち寄り、事情を聞くと、若いお巡りさんが説明してくれた。

「こんな時期によ、壁に火が見えたもんで、てっきり遭難者が動けなくなったものと

思ってよ、村の人が心配し、駐在所に連絡してきたんだなあ。そこでうちでは糸魚川警察本部へ連絡し、サーチライト車、パトカーなどの出動となったわけだ」とのこと。

ぼくたちは地元の人たちの厚い人情に丁重に礼を述べ、小滝を後にした。


こうして何度も失敗し、敗退したP６フランケ正面を完登したのは、翌昭和四十五年五月の連休のことであった。

武蔵谷の友人である奈良隆さんといっしょに今度こその執念に燃えて、上野を後にした。連休のため、電車は満員。遅い電車に乗ったため、小滝駅に着いたのは十時を少々過ぎていた。

残雪の林道をぶらぶら歩き、南壁の対岸に下りて昼食をとった。小滝川は雪どけ水で増水しているので、ふつうのところはとても渡れない。夏には背丈の倍以上もある巨岩が上の部分を少し見せて濁流が洗っている。そこしか渡れそうなところがないので、向こう側の岩に飛び移ることにした。

ザイルをつけて、何度もためらった後、思いきって飛びわたる。成功だ。向こう側に渡り、チロリアン・ザイルを張った。丸木橋をかけようと努力したが、水の力が強く失敗。ザイルをそのままにして、早めにビバークすることにした。

早朝、小滝川をチロリアンで渡り、ザイルを回収してP6へ向かった。いままでのアプローチである東壁ルンゼは、小滝川の増水のため出合に行くことができず、南稜の末端壁のブッシュを登り、東壁ルンゼの上部から南稜のコルへ出た。そして、奈良さんとそのまま右ルンゼを渡り、草付きに出て小休止。水の補給をして、フィックス・ザイルのあるトラバースの手前でザイルをつけた。

朝九時、登はん開始だ。

三ピッチ登り、十二月にビバークした傾斜のゆるいところに出た。

この地点は海抜五、六百メートル。明星山は千二百メートルの山だ。五月とはいえ、太陽は輝き、非常に暑い。ビバークのことを考えて持ってきた荷物が重く、スピーディに登れない。そこで食料をほとんどここに置き、二リットルの水の中に、できるかぎりレモンをしぼりこんで携帯する。ビバークの用具も、一切ここにデポすることにする。

前回のルートを六ピッチでたどったが、岩が乾き、空身なので快適に進む。これまでの最高到達点に達した。これより先は未知の領域であり、慎重にルートを選ぶことにする。

よく見ると、左に行けそうもないので、右にルートをとった。幅の広くなったチムニーはボロボロで悪そうだが心を決め、トラバースをはじめた。七ピッチ目、バンドを五メートルほどトラバースしたが、ボロボロの壁で行けず、かぶり気味のカンテを四、五メートル登り右へトラバース。相変わらずボロボロの壁だが、下よりは少しはマシであった。五メートルほどトラバースしたところで浮石が落っこちたのには驚いた。轟音が去り、静まりかえった中をなおもトラバース。灌木のテラスに着いてはじめてホッとした。早速、奈良さんを迎えたが、彼もショッパそうだった。

九ピッチ目、頭上のフェースを直上してチムニーの中に入りこんでビレー。たいしてむずかしいピッチではないが、壁がもろく不安定であった。十ピッチ目、チムニーをぬけて左のフェースを登り出したが行きづまってしまい、右のクラックの中に入りこんでしまった。クラックには、いまにも落ちそうなチョック・ストーンがある。これに触れてはいけない。右側の壁に移って上のテラスに出た。

テラスは二段で、五、六人坐れるほどの大きさであった。目の前にはP６東稜が見え、登はん終了も間近に思われた。

十一ピッチ目は、チムニーを五メートルほど登り、右のスラブをトラバースして大きなチムニーに入り直上し、東稜に出た。十二ピッチ目は、東稜を三十メートルほど登り、林道からもよく見える松の木でピッチを切り、登はん終了。

もろい壁が多かったので、精神的に非常に疲れてしまった。コンテニアスで奈良さんとP6の頭に向かった。暗くなってきたので、下降をあきらめ、はい松の上にひっくりかえってビバーク。

翌朝、明るくなったので動き出した。別に支度もないのですぐ出発し、空腹を満たすために昨日のデポ地点へと急いだ。

南壁の頭を経て、南壁の肩に下りた。次の目標である左壁を十分偵察しながらトラバースして、P6フランケの大バンドに達した。荷物を回収するため、昨日、完成したばかりのP6正面壁ルートを二ピッチ登り、空腹をいやした。気持ちよかった。なにか今までのわだかまりが涼しい風に洗われ、すがすがしさが心を充してくれた。

いつものように壁を下降して、南稜のコルを経て下山しようと思ったが、今回はそう簡単にはいかなかった。

一昨日飛び移った石の上に立ち、何度も向こう側へ飛び移ろうとしたが、なかなかふん切りがつかない。足元を激流が洗い、落ちたらひとたまりもない。よく見ると向こう側の石が少し高く、こちら側が低いので、とても渡れるものではない。目の前には一昨日のデポ品が置いてあり、どうにかしたいとあせる。林道の上の方をトラックが走ると、大声で叫ぶ。降りてきてほしい旨をゼスチュアで送ると、いやいやしながら皆通り過ぎてしまう。

仕方なく、今度は渡渉しようと試みるが、幅三十メートル余りもあり、五メートルも進むと腰上までもぐってしまい、とても渡りきれない。あきらめて、小滝川に沿って下ることにする。

しかし、それがまた悪い。土壁にステップを切って登ったり、空中懸垂で下降したり、ひどいアルバイトの末、やっと発電所に着き、橋を渡って対岸へ行くことができた。

林道を登り返し、対岸のデポ品を回収して駅へと急いだが、最終電車は目の前を走り去り、小滝駅でビバークとなった。幸い、駅長、駅員ともにとても親切な人たちで、快く駅に泊めさせてもらった。近くの農協でビールと塩辛を買い、ささやかな完登祝いをする。

翌朝、駅長、駅員に見送られ、一番電車で小滝を後にした。二十二歳の初夏のことである。

明星山P6左壁

昭和四十五年七月

明星山南壁右フェース・ルート、P6フランケ正面壁ルートの開拓を果たして、かつての自信めいたものが蘇り、一時の動揺から完全に冷静さを取り戻しつつあった昭和四十五年七月、今度は明星山左壁へ、青木伸二、小倉一成といっしょにルート開拓に向かった。

左壁はP6フランケの左側にあるピラミッド状の壁だ。高度差は約四百メートル。林道から見える下部は十メートル以上あるオーバーハング帯におおわれ、左壁の登はんを志す者に威圧感を与えていた。

このハング帯をいかに早くぬけるか、中央部のボロボロの壁をどう登るかのふたつが、左壁のキーポイントと思われた。

だが、偵察、研究の結果、問題はもうひとつあることに気づいた。それはアプローチだった。左壁にはこれといった登り道がない。したがって、南稜のコルへいったん登り、右ルンゼを三百メートルほど下降するか、あるいは末端壁か、右ルンゼのF1にルートを開くかのいずれかだった。

ぼくは迷った末、偵察をさらに詳しく行ない、その結果、末端壁の左ルートを見出すことができた。

昭和四十五年七月十日、青木、小倉そしてぼくの三名は、上野発二十時四十分急行「越前」に乗った。このころのぼくは、後述する「星と嵐」という同人に所属した。そして、いっしょの仲間である青木や小倉たちと汽車の中でも楽しく過ごし、飲むほどに酔い、酔うほどに話がはずみ、深酒をするほど陽気なぼくに戻っていた。

翌朝、小滝駅に降りると雨が降っていた。

「ちきしょう！　残念だなあ」

二人は口々にいっているが、ぼくは前の晩、飲みすぎているので内心は（今日、登らずにすんだ。ありがたい、ありがたい）と思っていた。

しかし、無情にも雨は小やみになり、ともかく出発することになった。三人ともフラフラしながら、汗びっしょりかいて、南壁基部の岩小屋にたどり着いた。

昼ごろになると、雨もやみ、壁もかわいてきたので、ぼくたちは末端壁にルート工作に出かけた。

岩小屋を出て、河床より七、八十メートル登り、大きなテラスでアンザイレンした。

そこから三ピッチ登り、さらに右ルンゼスラブを二百メートルほど登って、左壁の基部に達した。

林道からでは見えなかったが、左壁にも弱点があって、十メートル程の大ハング帯の真ん中にジェードルがあり、格好のルートになりそうなので、さっそくアタックすることにした。

ワンピッチ目、カンテ状の壁にハーケンを二枚打ち、アブミをセットする。最初からかぶり気味の壁であり、人工登はんとなった。

ハーケンを二、三本打ったところでトップを青木と替る。ハーケン連打で、基部より十五メートルほど登り、時間切れのため彼は下降してきた。ぼくたちは取付きに水、ハーケンをデポし、全員で下降をはじめた。翌日のために末端壁にザイルを二本フィックスして岩小屋に下り、ビバークした。

夜半から強風を伴う雨となった。

「おい、無理だな」

「残念だなあ」

三人で話しながら眠りにつくうちに、明け方より天気が回復してきた。一時あきらめていたのが可能になったので、ぼくたちは急いで朝食をとり、出発。前日のフィックスを利用し、右ルンゼF1の上に出た。

右ルンゼを登り、左壁基部でアンザイレンした。ワンピッチ目は前日の最高到達点までアブミのかけかえで登り、なおもハーケンの連打で直上。ハングの出口をフリーで乗越し、凹角に入る。

人工登はんよりフリークライミングになったので、ザイルが重く、それほどむずかしくない壁も相当の腕力を使って、左上にある小さなテラスに出た。

終始、ザイルに引きずり落とされそうになり、緊張の連続であった。二ピッチ目は右にある大テラスへと移り、水とハーケンを荷上げして、そのまま押し出されるようにして三ピッチ目に入った。スラブに入ると、五メートルほどは人工で登り、あとはフリーとなる。フリーで二、三メートル、人工で二、三メートルといったように高度をかせいだ。

突然、足長蜂に襲われた。下ることも登ることもできず、必死で手で払ったが及ばず、左手を二ヵ所刺されてしまった。見るとすぐ側に足長蜂の巣がある。もう夢中で右へ右へとルートをとり、テラスに出る。ハーケンを打ち、自己ビレーをとる。そしてプックラとふくれた左手に、小便をひっかけ応急処置をした。

四ピッチ目、頭上はハングに押さえられているので、右のカンテにルートをとった。

下部大ハング帯の上のせいか、凄い高度感だ。それに壁自体もかぶっているのでかなり悪いピッチに思えたが、カンテ、チムニーを越えて上昇することができた。あたりはうす暗くなり、また雨がポツリポツリと降り出した。他の壁でもそうだが、明星山の壁は濡れると特に滑りやすくなるので、早くルートの見通しのつく地点まで達したかった。そのためスピードアップした。

五ピッチ目は上昇バンドを登り、ナイフリッジの上に出た。リッジより左は壁ももろく、敬遠して右のハング帯にルートをとることにした。フリーでハングを二つ越え、P6フランケの取付き地点と同高度の傾斜の強いガレ場に出た。そこは正面壁を登ったときに、トラバースしたところである。それを慎重に登り、スラブにハーケンを打ってビレーした。あたりがすっかり暗くなったのにラストがなかなか登ってこない。そのうち落下音がし、右ルンゼに岩なだれの音が響いた。

ラストが心配であったが、どうすることもできない。ザイルをしっかりと握っていることが、せいいっぱいぼくのできることであった。ザイルが徐々にたぐられ、一時間ほどすると、真っ暗闇の中をラストが登ってきたのでホッとした。

ところが、青木のザックのふたが開いており、一番上に乗せてあった四リットル入りのポリタンクとハーケン類を全部落としてしまったのだ。それに小倉はハングを登るのがしんどいので、ザックを下に置いてきてしまったというではないか。

めいめいビレーをとり、ビバークに入った。

食料、水ともになく、喉がカラカラにかわく辛い一夜となった。それにもまして、大事なハーケンを落としてしまったことが悔まれ、翌日の登はんが思いやられた。

海谷山塊に日が差し、夜が明けてきた。前日置いてきたザックを取りに下降。ザックを取り、ビバークテラスに戻り、中からジュースを出して、喉をうるおした。このうまさ、何に例えよう。午前六時半、再びアタックを開始。

七ピッチ目は急なガレを登り、さらにクラックを十メートル登るとテラスに出た。八ピッチ目はクラックを直上、かぶり気味の壁をぬけ、赤いハングの下でピッチを切った。ハーケンが少ないので、ラストには残らずハーケンを抜いてきてもらう。

九ピッチ目、ハングはボロボロでとても登れず、ハングの下をトラバースして、灌木でビレー。高度感があるし、トラバースしたバンドもボロボロだったため、とても緊張した。十ピッチ目、ルンゼ状の壁を登って、ハングの下に出た。

十一ピッチ目は目の前のチムニーを登り、左のカンテを越えてテラスに出た。考えることは登ることだけで、ほかには何もなかったが、曇天無風からくる暑さで、喉がかわき、息をするだけでも辛かった。

十二ピッチ目はホールドのガッチリしたかぶり気味の壁を登り、カンテを回りこんでなおも直上、手の切れそうなナイフリッジに出た。手製のアイスハーケンを打ちこみビレー。登はん終了もいよいよ間近に思われたので、アイスハーケンに赤布をつけ、各自の名前を書きこみ、記念として残すことにした。

十三ピッチ目、かぶり気味のチムニーをぬけ、松の木のある大テラスに出た。左壁の頂点はもう目の前に見えた。これが最後のピッチになると思ったので、勇躍して登り出した。

十四ピッチ目、左に五メートルほどトラバースし、カンテを登って細かいバンドに出た。なおもフェースを直上、かぶり気味の凹角を突破して、灌木帯に入る。青木、小倉を迎え、登はん終了点である南壁ノ頭に出た。

喉のかわきのせいか、三人ともうグッタリ。固い握手をした後、すぐ下降にうつった。西壁を下るのだが、ブッシュと暑さのため五十メートル下っては休み、また五十メートル下っては休み、肩で息をしながら、二時間後にやっと小滝川の川床に着いた。

そして三人は、馬のように水をガブガブ飲み、タオルを腰にまいただけで小滝川に飛びこんだ。

落ちついたところで、完登を喜び合い、岩小屋の荷物をまとめ、明星山を後にした。帰りの車中、飲んだビールが喉を通るたびに、三人の目は新ルートの開拓を喜び合うのだった。ビールが実にうまかった。電車の窓ぎわに外が見えなくなるほど空罐が並んだ。それが並べば並ぶほど、喜びが全身を駆けめぐった。

明星山左壁右カンテ

昭和四十五年十一月

最初の予定では、ぼくは南壁、P6正面、右壁、左壁とルートを開拓するつもりであったが、ぼくたちがP6正面を試登しているうちに、右壁は他のパーティによって、残念ながら試登されてしまっていた。

人の手のつけたところを登る気にもならずに明星山に通ううちに、ルートとして特徴のある壁があることに気がついた。ひとつは左壁とP6正面壁とを分けている壁、もうひとつは西壁を下降中に気がついたのだが、左ルンゼの右壁だった。ぼくはそのうちの前者の壁を選び、試登をはじめた。

パーティはぼくと奈良さん。

小滝に着いた時はザーザー降りの雨。ふたりともガッカリしてしまったが、ともかく南壁基部の岩小屋まで行くことにして歩き出した。途中、もう行きつけになった酒屋に寄り、ビールを大量に買いこんで岩小屋へ急いだ。その日はいっこうに雨があがりそうになかったので、焚き火をし、ビールを飲んで寝てしまった。

翌日は雨がやんでいた。しかしいつ降るかわからない曇天だった。七月に左壁ルートを開拓した時に張った末端壁のフィックス・ザイルを使い、一気に右ルンゼＦ１の上に出た。右ルンゼを登り続け、左壁の基部近くで、左壁登はん中に落としたザックを偶然拾ったのには驚いた。

左壁の取付きを過ぎ、なお登り続けたが、頭上は左壁より張り出した大ハング帯だから、行けども行けども弱点が見つからない。そのうちに、右カンテの真下のハング帯に、チムニーを見つけた。

「ここを取付きにしよう」

ぼくと奈良さんは、この地点でザイルを結び合った。

ワンピッチ目は、バンドを左にトラバース、ぬるぬるにコケのはえているテラスに出た。下から見えたチムニーはハングの中に消えているが、ともかくチムニーの入口までよじ登ることにした。

もうフリーでは登れないので、足を大きく開き、チムニーの中に入ってボルトを打ちはじめた。三時間半後に計八本のボルトを打ちこみ、五メートルほどのハングを乗越し、上のテラスにはい上がった。奈良さんを迎えて時計を見ると、終電車に間に合わないので、今日はこれまでにし、空中懸垂で右ルンゼに下り立ち、急いで小滝駅に向かった。

それから三週間後の昭和四十五年十一月、今度は奈良さんのほかに、松本正城、二瓶宗裕を連れ、四人パーティで同じルートに向かった。

その日もやっぱり雨だった。明星山はガスにかくれ、壁は黒く、水が流れていた。南壁基部の岩小屋に入り、天気の回復を待った。昼ごろになって雨がやんだので、支度をして岩小屋を後にした。末端壁のフィックスを使い、右ルンゼの上に出た。次に右ルンゼを登り、右カンテの取付きへ。

二瓶がトップでハングに取付いた。あえぎあえぎハングを越え、上のテラスに出た。ぼくはそれを見てからハングに取付いた。テラスに出ると、そのまま登り続け、松本は荷上げと奈良さんをジッフェルした。

二ピッチ目はあまり傾斜の強くないスラブを真っすぐ登り、ガレ場のテラスに出た。全員テラスに集合した時、もう午後四時半。四人横になれるテラスなので少し早めだが、ここでビバークすることにした。

夜中に自然落石が起きた。みんな夢うつつの中で頭をかばっているらしく、人の脇や股の間に頭を突っ込んでくる者もいた。が、誰も起きたようすもなく、朝までグッスリ眠っていた。

七時に登りはじめる。三ピッチ目だ。カンテは登れそうもないが、少し左に上昇バンドがある。あまりむずかしい壁ではないから、なんとなくバンドにそって登ると、バンドがなくなってしまった。その地点でピッチを切り、奈良、二瓶と同時に迎えた。次のピッチは草付きのスラブを右上に登り、小さなバンドに出た。それから垂直の凹角を登り、左にトラバース。壁は次第にかぶり気味となり、ルートはこれ以上見出せない。仕方なくピッチを切り、全員でジッフェルしてもらい、かぶり気味の壁に取付いた。

かぶり気味なのはやむを得ないとしても、壁がもろいのには参った。ハーケンを打ち、やっとの思いで上のバンドに出たが、なおも登りつづけ、安定したテラスに出てピッチを切った。ひとりずつ順番に登ってきたが、どの顔も緊張し、ひきつっていた。

七ピッチ目、チムニーが三本見えたが、前の二本はボロボロで、途中まで行ったが敗退する。登ったところを下りるのはいやなものだ。まして、もろい岩壁ではなおさらである。背中が岩に触れると、岩がぼろぼろ落ちてゆく。一番左のチムニーもボロボロだったが、なんとか越え、テラスに出てホッとした。

八ピッチ目はカンテを右に回り込み、チムニーに入り直上、テラスに出た。ここは左壁ルートの十ピッチ目にあたる地点であった。

九ピッチ目、それからスラブを少し登り、かぶり気味の壁を越え、カンテを回り込んで直上。リッジの上にまたがってビレー。同じルートではあるが、ルートを開拓した時よりむずかしく感じた。次のピッチは、チムニーに入り直上、ピナクルのあるテラスに出た。

十一ピッチ目、左に少しトラバース、フェースの真ん中にある上昇バンドに沿って登り、壁の真ん中でストップ。奈良さんを迎え、最後のハングの乗越しを彼に行ってもらう。彼はぼくを追いぬき、そのままハングを越えてブッシュの中に姿を消した。続いて、ぼく、二瓶、松本とハングを越え、南壁ノ頭に出て登はん終了。

日の暮れないうちに岩小屋に帰りたいので、休憩もそこそこに下降を開始した。二瓶が口にくわえた煙草に火をつけるひまもないほどあわただしく下降した。午後六時、南稜のコルに着いた。暗くなってしまったが、ランプを頼りに東壁ルンゼを下降。岩小屋に着くと同時にビールで乾杯。この夜、ぼくはグループ・ド・ボエームの人たちの酒席におじゃまして、たらふく飲んでしまった。大きなコッフェルでお酒を三杯たて続けに飲んだところで、後ろにひっくり返ったのが最後の記憶であった。翌朝、はいずるようにして皆のいる岩小屋に帰り着くという、苦しい想い出のルート開拓であった。

また、カンテを登るつもりで取付いたが、弱点をつないで登った結果、カンテに出られず、このルートはむしろ右壁左ルートといった感じになってしまった。だが今では、右カンテルートという名が定着しているようである。

明星山でぼくは四本のルートを開拓した。そしてこの開拓を続けているなかで、多くの仲間を得ることができた。また既成ルートの岩登りにはない全くの空白のキャンバスの中に絵を描く絵かきのような喜びが、この明星山で得られたのであった。

一ノ倉沢ルンゼ状スラブ

昭和四十五年三月

中央稜テールリッジから見る滝沢スラブは技術的にはそれほどむずかしそうには見えない。だが絶えず雪崩の危険にさらされ、いざ登るとなると、そう簡単にはいかなかった。

昭和四十五年二月、ぼくは奈良さんといっしょに滝沢リッジへ向かった。目的はルンゼ状スラブ上部の偵察であった。

あいにくのみぞれの中を、一ノ倉沢出合の小屋に入った。天気が気になってしかたがない。夜中の三時ごろ起きてみたが、やはり天気が悪い。こうなればしかたがないと思うと、今度はグッスリ寝入ってしまった。

午前九時、外が騒がしいので表に出てみると、青空が見えはじめている。あわてて奈良さんを起こし、朝食もそこそこにぼくたちは小屋を飛び出した。

滝沢リッジの取付きに着いたのが十時半、先行パーティがあって、一時間待たされた。登はん開始十一時半。先行パーティにぴったりくっついて登り出した。

三ピッチ登ったところで先を譲ってもらい、フルスピードで登りはじめた。ドーム基部十八時着。奈良さんとウィスキーを飲み、焼鳥を食べ、ビバークした。夜半から雪が降り出したので、何回も除雪させられたのには参った。

翌朝は飲みすぎたせいか、よく眠ってしまい、出発は十時になった。ドームを登り、A沢へ下降、稜線に出たところで日没。地吹雪の中、西黒尾根を下山した。

その一ヵ月後、ぼくは奈良さんと再び谷川岳に向かい、ルンゼ状スラブにアタックした。

その日は昼ごろから天気もよくなってきたし、滝沢下部の氷瀑もちょうど登り時になっていた。滝沢の様子を見ながらそろそろ登り出し、氷瀑に取付いた。時計は午後四時をさしていた。氷瀑の真ん中をステップを切って登り出し、滝の落ち口に出た時であった。

「ポーン」という乾いた音がした。上を見ると稜線に雪煙があがっている。奈良さんが叫んだ。「来たぞォ」。その声とほぼ同時にものすごい衝撃が頭と肩にかかってきた。夢中でアイスハーケンを人さし指で握りしめた。ザイルが強い力で引かれた。長い時間に感じられ、力の限界がきた。このまま落ちてしまうと思ったとき、身体に受ける衝撃も、ザイルが引っぱられる力もなくなった。

おそるおそる顔を上げると、雪崩は去り、元の静けさに戻っていた。

「奈良さーん！」

大声で呼ぶと、すぐ返事があったので、安心して下降しはじめた。彼は雪崩をまともに受け、十メートルほど流されていた。ザイルが身体に巻きつき、ぼくを引っぱるような形で止まっていた。だがピッケルと眼鏡を飛ばされ、尻皮でもしているようにザックをぶらさげている彼の無事な姿を見た時、思わずぼくは噴き出してしまった。

ピッケルは五十メートルほど下にささっていたし、手袋などを回収しながら下降する。その日は出合小屋の屋根裏でビバークするのが精一杯であった。

全身に雪崩を浴びた奈良さんは、翌日、昼ごろまで寝ていたし、ぼくも右半身が痛かった。しかし、夕方にはやり直そうと思い、回復を待った。身体はやや回復してきたが、雨になり、滝沢では雪崩が落ちはじめた。しかたなく、あきらめて下山した。

ぼくの心は燃えていた。一週間後、今度はパートナーに遠藤甲太を選び、完登をめざした。

二十二時十三分上野発の電車に乗り、土合で降り、夜が明けるまで駅で眠った。土合出発午前七時、春山のような暖かさの中で汗をかきかき、一ノ倉出合に着いた。

二日前から晴天が続いていたとのことで、出合にデブリがゴロゴロしていた。一日のんびりスラブとにらめっこをして早めにツェルトを張ってビバークした。翌朝、二時に目をさまし、外に出ると肌を刺すような寒気と満天の星であった。朝食をすませ、四時に出発した。

ブロックがゴロゴロして歩きづらい本谷を、滝沢下部に向かった。取付きは五時半。連日の晴天のため、下部の氷瀑は完全にデルタの下になっていた。気温の上がる前に安全地帯まで登ってしまおうと思い、急いでザイルをつけて登りだした。

ワンピッチ目、雪壁を駆けるように登り、第三スラブとルンゼ状スラブの中間リッジの末端でビレーした。二ピッチ目はルンゼ状スラブに入り、雪壁を登り、左側のリッジにハーケンを打ちビレーした。三ピッチ目、最初の滝は雪が不安定なので手が出せない。しかたなく、左側のチムニーにルートを求めて登り出した。意外に悪く、ハーケン三本、アイスハーケン三本を使用して上部雪壁に出て、灌木を利用してビレー。

なおもチムニー状の雪壁を二十五メートルほど登った。五ピッチ目は、ふたつ目の滝の下に降り、ハングの下を右にトラバース気味に登り、ラビネンツークを渡って灌木を掘り出し、ビレーした。次のピッチは、少し戻るように左にトラバースし、ラビネンツークの真ん中を直上して、上の雪壁に出た。ところがF3と思われる氷瀑に行手をはばまれた。

かぶり気味の氷瀑だが、左側に弱点を見出し登り出した。スクリュー・ハーケンを動員してF3を越えると、頭上に終了点の灌木が見えた。左側の壁にハーケンを打ってビレーした。この氷瀑を越えるのにさすがに疲れたので、八ピッチ目は遠藤君にトップを依頼した。

彼はグズグズの雪をだましだまし登り、左側の壁にハーケンを打ち、ビレーをとった。彼からの合図で、彼のいるところまで登る。そして次のピッチも登ってもらおうと思っていると、「いやなピッチだけ俺に登らせるなあ」と嫌味をいわれてしまったので、ぼくは内心ムッとして、彼をぬいてそのまま登り出した。彼にとって初めてのトップが、不安定な雪壁だったため思わず出た言葉だったのだろう。だが、たいしたところではないと思っているぼくには、カチンときたのであった。

九ピッチ目、きのこのような雪のかたまりを切り崩し、カチカチの雪壁を快適に登り、灌木を掘り出してビレー。十ピッチ目は、十メートルほどの雪壁を登り、灌木の下にステップを切って彼を迎え、そこで昼食をとった。

気まずい雰囲気のなかで、ぼくは無言で食事を終えた。そして三十分ほど休んでまた登りはじめた。

次のピッチは、ルートを左よりにとり、グズグズの雪壁をだましだまし登り、灌木を掘り起こしてビレーすると、終了点も間近になってきた。

ぼくは彼の思い出のためにも、さっきの気まずさを解消するためにも、もうワンピッチぐらいトップをやってもよいのではないかと思い、

「遠藤君、トップやらないか。強制じゃないよ」

と聞いてみた。彼は「よし行こう」と勢いよく雪壁を登りはじめた。順調に二十メートルほど登ると行きづまってしまったらしい。一メートルほどの滑落を二度ほどしている。ぼくは下から見ているので気が気ではなかった。

「トップをかわろうか」

と、声をかけると、

「もう一度落ちたらかわるよ」

といって、彼はそれから十分ほど雪と闘っていたが、彼の身体が雪壁から浮いたかと思った瞬間、雪煙に包まれ落下してきた。そして、ぼくの左側の雪壁をバウンドして、二十メートルほど下で止まった。アイスハーケンはすべて抜け、腕ほどの灌木も半分ほど折れていた。声をかけると、元気よく返事があったが、顔色は青白かった。

ぼくに悪いと思ったのだろう、いいわけをしながらゴボウで登ってきた。

少し休んで彼が落ちついたところで、今度はぼくが登りはじめた。雪壁を二十メートルほど登ると、彼の落ちた地点に到達した。かぶり気味に雪がついている。雪を切り落とし滝沢リッジの側壁に出た。たいしてむずかしいピッチではないが、雪を切るのがめんどうになり、強引に登ろうとしたらしい。

十三ピッチ目は、最後の滝を左から回りこみ、灌木を掘り出してビレーする。目の前に、ルンゼ状スラブの終了点の灌木が見えていた。

同人「星と嵐」

昭和四十五年

霧峰山岳会を退会してから、ぼくは金坂をつれてしゃにむにいろいろな山へ行った。ところがよい結果が現われるまでに、一年の歳月を費やさなければならなかった。千丈岳の南西壁の登はんは放棄、唯一登ったのは冬の八ガ岳広河原奥壁から大同心正面だけ。二月には、谷川岳の衝立岩で転落。そして父親の死。行く先々、行く山々で雨にたたられたり、コンデションが悪かったりで、思うような登はんの成果が現われなかった。

そうした不運の中で、ぼくは気力を奮いたたせながら、必死に山にしがみついていた。ようやく明星山にルートを一本開拓したころから、自信とツキが戻ってきたような気がした。

偶然に山で知りあった武蔵谷行男と交流を重ねるうちに、その友人の奈良隆、渡辺正一などとも交際するようになった。各々山岳会に所属しているが、お互いによきパートナーに恵まれないことで悩んでいる最中だったので、交流はますます強くなっていった。

次の年の冬、奈良、武蔵谷、金坂とぼくらの、一ノ倉通いが始まった。それによって、一ノ倉通いをする他のクライマーたちとも交流をもつようになった。椎名一夫さんと出会ったのもこのころである。その後輩に当たる小倉一成、遠藤甲太とも顔見知りになった。そして遠藤君とは、一ノ倉沢ルンゼ状スラブ冬季初登はんをめざしてザイルを組み、完登することによって一層の交流が深まった。

交流が広がるにつれ、若い仲間が集まり始めた。青木伸二、松本正城、石田良光らとゲレンデへ行ったり、酒を飲み交わすことがたび重なるうちに、ぼくたちより年長の森鉄弥さんと知りあうことになる。森さんはお酒は飲まないが、山の話をしたり、酒を飲んで騒いでいるぼくたちのそばにいて、いつも包容力をもって見つめていてくれる存在となっていった。

パートナーに恵まれないこうした集団が、自由な同人を作りたいと思うのは当然の成り行きであった。

あるとき、鷹取山へ岩登りのトレーニングに出かけたぼくたちは、夜の酒盛りで、自由な同人作りの話になった。ガストン・レビュファの著書の『星と嵐』を集団の名にいただき、ぼくたちの同人が発足したのはこのときだった。自由で、しかも同じような実力の持ち主だけのこの同人の特徴は、〝命ぎりぎりの登はんをめざす先鋭的なクライマーの集団〟にあった。それはもし極限の登山をめざして死んだなら、仲間たちで彼の功績を賛えながら骨を拾うような集団であり、ぼくには、この行為は青春そのものに思えた。

まずぼくたちは趣旨書を作成した。遠藤君が原案を作り、皆で検討した。そして出来上ったのが次のような内容のものである。


このグループは新たに誕生したアルピニストの集団であり、組織的には既存の山岳会の持つ概念とは若干異なる性格を有する。

それは、一切の役職、肩書だけの「代表」「顧問」の存在しないことである。なぜなら、なんらかの組織的営為というものは往々にして個人の持つ最も美しい事項を容認しないからである。私たちは形骸は欲しない。

私たちは、より激しい、より美しい登はんをめざすアルピニストであり、常に自己の責任において行為できるアルピニストである。そして一切の登はん価値を個々の純粋な限界状況において認め、さらにより高い次元での友愛を得んとするものである。

私たち同人の目的は個々の登はん活動を物心両面にわたってバックアップするこ

とにある。
以下は「星と嵐」同人の唯一の会則である。
●個々の技術的向上への協力、開発
●遭難対策
●困難な登はん活動における相互協力

また、会の名称についても、次のような意味で「星と嵐」に決定した。

〝未登の岩壁でのビバークで明日の登はんを思いつつ仰ぐ星、登はんを終え、やすらぎと押さえきれぬ悦びのうちに望む星、あるいは都会にあってうつろな生活に疲れ、ただひとすじの希望と憧れをこめ祈る星。頂よりもさらに彼方にさんぜんときらめく私たちの憧憬の星、未知のあこがれの、そしてはかりきれないその星に向かう途上にたちはだかるであろう風雪、雪崩、黒いオーバーハング、あらゆる実在の困難性たちを嵐とし、私たちの象徴とする〟

何ともたのもしい趣旨だが、ぼくたちはさらにもっともっと自分たちに厳しい試練を課すために、次のような伝達を行なった。

同人の組織確立について

我々クライマーの集合体は同人であり、自己啓発の場以外の何ものでもない。同人としての意識に欠け、同人の趣旨に賛同できぬ者はすみやかに去ること。

我ら「星と嵐」設立同人による集会において、同人は設立時の趣旨を貫くという前提で存続することを確認した。

これより設立同人による集会を事務局と称し、同人の全ての決定権を持つ。一次会員、二次会員は点数制度により決定する。二次会員とは準同人であり、二次会同人におけるワッペン等の使用は原則として認めない。

集会は月二回とし、一次会集会における二次会同人の発言は認めない。集会における私語は禁止。

なお、「星と嵐」には女性はいない。ゆえに女性の集会参加は一切認めない。

というものだった。

パートナーに恵まれない男たちが、自分たちのいままでの不満を叩き台に作った、理想的でしかも先鋭的アルピニズムの実践をめざす組織が「星と嵐」であった。

具体的には、山に行かない者は失格、能力もないのに人の尻馬にのってチャラチャラしているのもダメ、自分のポジションを守れない者もダメ。足手まといになったらやめろ。といったもので、これは行動していく同人たちの、いわば戦闘的集団であった。

二瓶、石井、山岡、安芸など力のある若者たちが、この趣旨に賛同して集まってきた。二十五歳を年長に、平均二十二歳の集団だ。

(これが山岳会だ、素晴らしい)、ぼくはもう有頂天だった。

目黒で月二回の集会の帰りに寄る行きつけの飲み屋もできた。飲み屋では幹事を選び、枡を全員に回す。その時、余裕のある金を入れる。百円玉を入れる者もいれば、千円札の者もいる。まちまちであるが、それで幹事がその日のメニューをたのむ。お酒が中心で、つまみが少ないのが恒例であった。焼き鳥のたれをなめながら、お酒を飲む。話がはずみ、ドンチャン騒ぎとなる。

そんなことがたび重なるうちに、あまりお金がかからなくなっていった。マスターのおごり、といってはおでんの山盛りが届けられたり、板前のおごり、といってはお酒が届くようになった。みんな付けだが、あるとき払いの催促なし。山を知らない店の人たちにも、好感をもたれたのであった。

あるときなど、店でけんかの助っ人をしたのでマスターは大喜び。お酒をおかんする機械から各自勝手に飲み、冷蔵庫を開けて食べ放題、ということまであった。

終電に乗り遅れると、武蔵谷の家になだれ込み、大分迷惑をかけたこともあった。そういうぼくたちを家族の人々はいやな顔ひとつせず、見守ってくれたのも、青春の特権であったのだろう。

手の早いのもいて、けんかもよくやった。そうした中でぼくらは、明星山、谷川岳、北岳、甲斐駒ガ岳、剣岳へと各自向かっていった。

山で「おい、星と嵐だよ」といわれるほど、ぼくらは個人でそれぞれの記録を発表していったが、残念なことに、この集団から新しい力を持った者が育ってこなかった。というより、育てなかったといった方が適切かもしれない。それはシャカリキに登っている連中ばかりであり、力のあるもの同士でザイルを組み、自分を高めることに精を出しすぎていたからである。

二年後に森さんをはじめ、活躍していたほとんどのメンバーがガイドになってしまい、口先きだけのアルピニストが増えてきたことなどから、このままでは、先の趣旨の通りにはいかなくなった。

そこでぼくたちは、永くその名を残すために、かつて多くの記録を作った「星と嵐」をいさぎよく解散することにした。

短い期間ではあったが、各自の胸の中にいつまでも「星と嵐」が残っていることと思う。

甲斐駒ガ岳赤石沢の冬季完登

昭和四十五年十二月

明星山の左壁右カンテにルートを開拓して、その年の無雪期の登はんを一応終了したぼくは、それから一ヵ月後の十二月、甲斐駒ガ岳へ、金坂と、のち五十五年に、チヨモランマの北壁を登はんした岡山クライマーズ・クラブの重広恒夫君と、三人のパーティを組んで入山した。重広君は、四十五年の夏、勤労者山岳連盟の登山学校の講師であり、ぼくもその年の講師であったことで、知り合った間柄である。

大武川から赤石沢、奥壁左ルンゼ、中央稜を経て駒ガ岳に至り、黒戸尾根を下降という赤石沢の完全遡行コースであった。このコースは未だに完全トレースされていないことに魅力を感じたぼくらは、四十五年の九月頃から、偵察と荷上げを重ねてきたのである。

赤石沢奥壁は、甲斐駒ガ岳山頂の東南面を形成する高度差四百メートル近い岩壁で、黒戸尾根から摩利支天まで半円状に広がっている。そしてその下に、赤石沢が千メートルの落差で流れ落ちている。

ぼくは、この赤石沢から奥壁へは四日間で完登の計画をたて、一月一日には甲斐駒のピークに立つ予定で、自宅を後にした。

日野春駅よりタクシーに乗り、大武川の大堰堤で下車する。五時、満天の星空の下を出発。氷の張った沢床を遡行し、赤石沢大滝下の岩小屋に着き、荷物を整理してビバークした。夜半より風雪となった。

翌朝二時ごろ起きたが、天気が悪いので行動に移らず、しばらく待機することにした。昼ごろから晴れてきたので、大滝の上まで荷上げをするために行動を開始。岩小屋を出発したのが午前十一時、大滝を右から巻いて上に出たのが午後一時だった。状況がとてもいい。ぼくはこのまま登はんを続行することにした。そして時間を短縮するため、ザイルはつけずに行動した。ルートをナメ滝の瀑芯に選び、スピーディに登った。十五時半、赤石沢の沢床で偶然に岩小屋を見つけ入り込む。中は氷だらけで、金坂が内部の整地をし、ぼくと重広君はすぐに、フランス人のチムニーのある滝へザイル工作をして、岩小屋でビバークした。

翌朝は五時に起床し、七時に出発。まず昨日フィックスしておいたザイルを使って登り、なおもザイルを伸ばした。チョック・ストーンを越え、雪壁状になった広いチムニーを十五メートルほど登り、側壁にハーケンを打ってビレー。三ピッチ目は雪を落としてハーケンを掘り出しながら、チョック・ストーンの左側に出たが、出口が悪く、捨て縄をハーケンの穴いっぱいに縮め、それにアイゼンのツァッケをひっかけて、やっとのことでチョック・ストーンを越えた。

次いで四十メートルの雪壁を登って第一バンドにはい上がり、F1の取付きに着いた。それからハング下のバンドを右にトラバースして雪壁に出た。ブッシュを掘り出して直上したが、ザイルが重いので十五メートルほどで、ピッチを切った。

さらに雪壁を右にトラバース気味に登り、スラブを人工で直上。そしてチムニーの中に入り、雪を落としてなおも直上し、第二バンドに出た。荷上げに手間どり、三人いっしょになったのが午後二時半、F2の取付きまで三十メートルトラバースし、ザイルをフィックスして早めにビバークする。夕方から雪になってきた。

翌朝二時に起床したが、降雪のため行動を中止。除雪に金坂が何回も外に出た。左ルンゼに雪崩が出るたびにツェルトがゆすぶられるが、ビバーク・サイトが完璧なので安心して休養した。午後二時ごろから雪がやみ、甲府の町まで見える素晴らしい天気になった。

一月一日御来光を仰いだ後、行動を開始、アワ雪崩の落ちるF2に取付く。右にトラバース気味に十メートル登り、ピナクルテラスでビレーした。次のピッチは、雪と氷を叩き落とし斜上するバンドを経て、外形テラスに出る。

過去に白稜山岳会のパーティが遭難した場所だけに、緊張して流水溝へトラバースして入った。雪と氷のつまった流水溝を直上し、アワ雪崩をあびながら身体の入るチムニーでビレー。次のピッチは、チムニーを人工で登り、かぶり気味の壁を越えて、F2の落ち口に下りた。それから雪壁を直上し、氷のつまったクラックを登ってF3を越え、バンドに出た。壁がボロボロなのでハーケンをベタ打ちにして、全員を迎え、昼食にした。

午後二時、白いものが舞いはじめる。時間的に中途半端なのと、上部でのビバーク・サイトが心配なのと、それに雪崩が気になって、F4より上を中止する。右に雪壁を二ピッチのトラバースをして、チョック・ストーンのチムニーの入口に出た。そしてチョック・ストーンをひとつ越え中央稜に出たが、それは尋常ではいかなかった。ザイルにアイスバイルをしばりつけ、内側からそのバイルを放り投げて、チョック・ストーンの外側へザイルをたらすようにする。そしてザイルをたぐってチョック・ストーンを越えたが、後続の連中はそのことがわからず、悪戦苦闘して中央稜へはい上ってきた。

あたりはもう暗くなっていた。急な雪壁だが、ブッシュがあるので、コンテニアスで中央稜を登り出す。しかし、降雪と暗闇のためにルートがわからず、雪稜を切り崩し、テラスを作ってビバークした。無雪期なら約三ピッチほどの行動である。

翌朝、晴天。正月二日の太陽がのぼり出した。ぼくたちはツェルトをはがして凍てついた山稜の風景にいつまでも見とれていた。午前十時、アンザイレンして登り出した。雪壁は四ピッチで、稜線へ飛び出した。金坂と重広を迎え、五日間の赤石沢から奥壁左ルンゼの登はんを終え、固い握手をかわした。

標高差で千四百メートルのこの登はんは、コンテニアスをまじえたとはいえ、二十ピッチ以上あり、かなりの充実感があった。そして何よりもうれしかったのは「星と嵐」の仲間たちが、この山域にいたことである。頂上に登り着いたとき、他のルートから登った彼らに出会い、祝福しあううちに、山の友情を覚えた。そしてまた、新しく関西によき仲間が生まれたこともうれしかった。

二十三歳〜

夏山でも冬山でも、どんな難しい壁でも、行けばどこでも登れるといった自信にみち溢れていた。あこがれのガイドにもなれた。だが、近藤幸子さんの墜死や、エベレスト登山に参加して集団行動の難しさを知り、面白くて仕方がなかった山登りから、山登りってなんだろう、と考えるようになった。

酷寒の北岳バットレス

昭和四十六年二月

先鋭集団「星と嵐」の同人たちは、数々の記録を発表して注目され、ワッペンをつけているだけで山では、「あれが星と嵐だ」などとうわさされるようになった。やはり厳しさだけの集団、実力だけの集団のよさが発揮された思いで、ぼくはもう大満足であった。

昭和四十六年二月、ぼくはそんな自信と誇りを胸に、同人奈良隆、青木伸二とともに北岳バットレスへ向かった。荷上げには、十八歳の石井慎一も手伝ってくれた。

夜叉神峠までタクシーで行き、トンネルをくぐって野呂川の谷に出た。雪は足首まで、ザックザックと早朝の山にこだまが響く。

ぼくたちは、「星と嵐」の別名「酒と嵐」といわれるほど、集まれば飲み、騒いでいた。そしてこの日の夜行でも、差し入れやら買い込みやらのお酒を飲みすぎ、酔いがさめないうちに甲府へ着いて出発となった。そのため歩きながら眠くて仕方がなく、足音のわりには、あまり威勢のよくない入山となった。

深沢下降点を経て、吊尾根に取付いた。十日分を予定した食料と装備のため、ひとり四十キロの重量だった。午後二時過ぎ、お池小屋に入った。今日のつらさを忘れ、また飲みはじめる。そしていつしか眠りにつく。

翌朝は四時半出発。樹林限界を過ぎ、ボーコン沢の頭でバットレスの顔と対面する。ツェルト持参のぼくたちは、八本歯の頭から百メートルほど手前に雪洞を掘って、ベース・キャンプとした。飲みすぎと、重荷の疲れをいやすため、日なたぼっこをして休養をとる。一見のんびりそうだが、ぼくはアプローチと取付き点をしっかりと、頭にたたき込む。

翌朝起きると富士山に笠雲がかかり、北岳も黒い雲に被われている。ところが出発をためらっているうちに、次第に明るくなってきた。明るくなると、心なしか雲もうすくなってきたように見える。ふん切りがつかないので景気づけに、ウィスキーを一杯ずつあおり、

「よし、行くぞ!」と気合をいれて出発する。

八本歯を過ぎてから平行にトラバース。第五尾根を越えてDガリーに入る。Dガリーを一気にかけおり、大滝をバック・ステップで慎重に下り、四尾根の末端、ピラミッド・フェースへトラバース。取付き地点に着いたのは午前八時であった。

登はん開始は八時半。まずワンピッチ目、雪壁を十五メートルほど登り、大きなハ

ングの左側を抜け、灌木にてビレー。奈良さんを迎え、次のピッチに移った。次はフェースを左にトラバースし、カンテを越えて雪壁を登り、草付きに出て、灌木にてビレー。荷上げに手まどったが、まずまずの快調さで次のピッチに移った。まず左にトラバースしてから直上し、ハングを越えて右にトラバース。そして四尾根をまわりこんでいるトラバース・バンドに出た。

ここで困ったことが起きた。荷上げをしようとしたが、傾斜のゆるい折り重なったハングの庇にひっかかってしまって荷物が動かない。ラストの青木が思いきり引っぱった時、どういうわけか荷上げ袋の紐が切れてしまい、「バシッ」という音がし、ズシーン、ズシーンと人の落ちるような音とともに、ツェルト、ガソリン、三日間の食料、それにぼくのビバーク用具が入った袋が大樺沢めがけて落下していった。

二俣で荷物は止まったが、全員、ぼう然としてそれを眺めているしかなかった。各自、残っているものを確かめ合うと、満タンのガソリンコンロと大量のニンニクと味噌が二十袋ある。もう落ちていってしまったものをどうこういってもはじまらない。ぼくらは再び登はんを開始した。

ピラミッド・フェースをあきらめ、バンドを右にトラバース。雪壁を四ピッチ登って四尾根の取付きに出た。そして午後二時半、四尾根の登はんを開始。八ピッチ目、クラックの中につまった氷を落としながら直上、雪壁に出てビレー。奈良、青木両名とも同時に動き出した。

それから雪壁を直上し、クラックの前ではい松を掘り出して、ビレー。ぼくにとっては、奈良、青木のふたりが同時に登ってくるので、ジッフェルするのが大変だ。次いでクラックを直上し、アイスハーケンでビレーする。次に雪壁からクラックに入って、氷を切りながらコルへ出た。

ぼくらは何しろハンディがある。食料もツェルトもガソリンもない。あるのは早く登はんしなければならないという焦りだ。

それから雪壁を右にトラバースして、ナイフリッジの上に出ると、すぐコルに出た。そしてかぶり気味の壁を越え、ナイフリッジを登り続け、マッチ箱のコルへ下りるリッジの先端に出た。ナイフリッジの雪を一メートルほど崩して、やっと下降ポイントの捨て縄を見つけた。

青木を迎えると、青木をそのままマッチ箱のコルへ下降させた。青木はそこでテラスを作りはじめた。奈良、そしてぼくの順にマッチ箱のコルへ降り立った時、もうあたりは真っ暗で、時計を見ると午後五時半をまわっていた。

何しろツェルトがない。しかたなく、暗闇の中を必死で雪洞を掘り、一時間半後には三人ゆったり寝られる雪洞を掘りあげることができた。内側から雪の塊で雪洞の入口をふさぎ、味噌汁にニンニクを入れた夕食をとる。青木、奈良は羽毛服を着て、ぼくの両側に坐る。ぼくは凍ったザイルの上に坐って、二人の羽毛服のぬくもりを感じながらビバークに入った。

翌朝、雪洞の外に顔を出すと、黒雲が西の方から凄い勢いで流れてくる。半日ぐらいもつだろうと判断し、中央稜へ行くことにする。七時半に出発。

ツェルトがないので、壁中でのビバークは無理だ。とにかくこの日も急いで登らなければならない。中央稜の登はん開始、八時半。

アイスリンネを直上し、アイスハーケンを打ってビレー。天気は相変わらずよくない。しかし、水は流れていないし、氷も固く、快適な登はん条件だ。

次のピッチは雪と氷を落として右にトラバース、ハングの下のテラスでビレー。奈良、青木の二人を迎えた。そしてハングの下にはりついた大きなキノコ雪を落としにかかった。塊を切り崩すごとに、バランスを崩すほどの大量の雪を、アブミに乗ってピッケルを両手に握り、切り崩していく。

それから、ハングを越え、スラブを右にトラバースしてテラスに着いた。しかし、青木が登ってくると、もう満員だ。押し出されるようにして、ぼくは次のピッチにうつった。そしてかぶり気味のカンテを登り、傾斜のゆるい雪壁をよじってピッチを切った。このあたりの壁は傾斜はゆるくても、下がスラブなので雪を全部落としてからでないと登れず、それが一番の苦労であった。

次のピッチはカンテの右側で切り、さらに雪壁を四十メートルほど登った。もうすぐ登はん終了である。カンテを登り、雪壁を直上。最後の四十メートルは、奈良さんがトップに出た。今まではぼくがトップで、雪や氷塊を浴せていたそのお返しをたっぷり味わう。奈良さんが登はん終了点に達した。

終了しても、そのままコンテニアスで北岳のピークに向かう。北岳山頂十三時三十分、強風の中で握手をかわし、小休止の後、下降。ベース・キャンプ着が十五時半。

奈良さんとぼくは、前日落とした荷物を拾って広河原経由で下山し、青木はサポートの石井とお池小屋経由で下り、次の日待ち合わせることにする。

登はん終了と同時に降り出した雨は、ぼくたちにとってはなんら冷たさはなく、むしろ祝福の水を受けた感じであった。

またひとつ、荷物を落としたための悪戦苦闘も、勝利に結びつけたことから自信が生まれ、意気ますます高まり、帰りの恒例の酒盛りもひとしおであった。

急なルンゼを駆け下り、十分もしないうちに二俣に着く。荷物を回収して下るが、重い雪と腰までのラッセルにうんざり。思い切って流れの浅い川の中に入り、どんどん下る。全身ずぶ濡れで広河原小屋に着く。薪などがあって暖がとれると思っていたのに全くなく、細々とコンロをたいて夜をあかす。

翌朝はみぞれ。衣類がずぶ濡れなので、体温を落とさないよう走るようにして、野呂川林道を下る。

青木と石井に合流したときにはみぞれもやみ、暖かい日差しの中を気の遠くなるような距離を歩いて、奈良田温泉に下った。濡れたおかげですっかり体をこわし、痔《おこら》が出てしまい、歩くつらさはひとしおであった。

アルパイン・ガイド協会

昭和四十六年八月

「星と嵐」で思う存分青春を楽しんでいる間、勤務先の日本コロムビアでは合理化、配置替えなどの風が吹き荒れた。ぼくも職場を追われるように製作部門から販売部門にまわされ、挙句の果て、愛知県瀬戸市の関西電波の販売推進員へと出向させられてしまった。

たまの休みに行く山もない。そんなときにエベレストの実行委員会が開かれ、ぼくにも参加するよう通知が来た。吉尾弘さんと桜井正己さんの推せんであった。

（よし！　このチャンスをのがしてはダメだ）

ぼくの心は激しく揺れた。そして、思いきって会社をやめようと思った。出向が終わり、川崎の工場に戻っても仕事がなく、営業へ行けと再三勧告され、会社はぼくが退職を申し出るのを待っているようであった。昭和四十六年八月、ぼくは課長の前に辞表を出した。課長は当惑した表情を見せていたが、内心喜んでいるのがうかがえた。

ぼくは将来、アルパイン・ガイドをしながら食べていこうと思ったし、エベレストへの準備も退職していれば心おきなくできると思ったので、ただ辞表を出したのであった。幸いなことに、まわりの仲間たちはそうしたぼくの考えに賛成で、口々に励ましてくれた。

「時間ができたんだから、もっともっと記録を作ってくれよ」

「アルバイトならいくらでも紹介するよ」

などと応援してくれた。

すぐに窓ふきのアルバイトが見つかった。青木の紹介だった。高いところへ昇ることが得意なぼくにとっては、まさにかっこうのアルバイトであった。

（うん、これで山にも自由に登れるし、あとはなんとかアルパイン・ガイドになれれば最高だ）

ぼくは何か将来に光が見えたような気がした。

前年、吉尾弘さんから遠藤甲太を通して、仕事を手伝ってほしいという連絡があった。日本勤労者山岳連盟主催の登山祭典があり、そこの登山学校の講師として、ぼくを迎えてくれるというのである。校長は垂直に挑む男、吉尾弘さん。講師には、遠藤、青木をはじめ、桜井さん、重広恒夫さん、両角泰夫さんたちがいた。

全国からやってくる何十人というクライマーたちの世話をし、登はんの技術を教えるのが講師の役割であった。憧れの吉尾さんに会えただけでも感激であったのに、謝礼としていくばくかのお金をいただいた。それが、人に登山を教えてお金をもらった最初であった。

その翌年、第二次ＲＣＣの奥山章さんが中心となり、吉尾さん、古川純一さん、橋村一豊さんらによって日本アルパイン・ガイド協会が設立された。ぼくが漠然とアルパイン・ガイドになれそうだと思ったのには、そうしたいきさつもあったのである。

会社を辞める直前に桜井さんから連絡があり、ガイド協会主催の穂高での講習会で、補助ガイドとして来てくれないかと依頼された。

ぼくは八月二十日に日本コロムビアを辞め、その日の夜行で、ガイド協会の穂高涸沢の登山教室に参加した。主任講師は桜井さんであった。その他吾妻さん、岡林さん、佐々木徹さんが講師であった。講習生は二十名程度であったと思う。

楽しかった。ぼくはもう一生懸命、桜井さんたちの手伝いをし、ガイドの技術を身につけようと努力した。あっという間に五日間の講習が終わり、現地解散になった時、佐伯克子さんという女性から「長谷川先生に帰りのガイドをしてもらいたい」という申し出を受けた。桜井さんに相談したら、「長谷川君の個人としての初仕事だ。やったらいいよ」と笑顔でいわれ、引き受けることになった。

佐伯さんともうひとり、和田さんという人が一緒だった。女性をふたり連れて、八月二十五日、ぼくは個人ガイドとして、五、六のコルから奥又白を経て下山することになった。
五、六のコルを過ぎて、だだっ広い尾根に出た。
「あっ、ほら見てごらんなさい。雷鳥がいますよ」

「わあー、ほんと」

ガイドとして気分壮快であった。心ウキウキ、どんどん歩いていった。そして尾根の坂道を下りていった。農村にあるようなふつうの山道である。ふと後ろを振りかえると、一番後ろを歩いていた和田さんが転んだ。そして岩場に身体が投げ出されそうになった。ぼくはすっ飛んでいった。必死でザックをつかんだが、和田さんの落ちる勢いでぼくも引かれた。片手でザックをつかみ、片手で瞬間的に立ち木をつかんだが、空中へ飛び出してしまった。

(ああ、ダメだ。ザイルがない。死ぬな、これは)

咄嗟にそう思った。瞬間、ガツーンとガレ場に叩きつけられ、気がつくと、ぼくは和田さんをかかえるような形で下敷きになっていた。まず生きていることにホッとしながら、最初にぼくがしたことは和田さんの傷の手当だった。頭を切っていた。ぼくも傷だらけ、血だらけだったが、ガイド魂がふつふつと湧き、異常に精神だけは昂揚していた。

「佐伯さん、待っててください。そのまま動かないで」

心配して上からのぞきこんでいるもうひとりの女性に叫ぶと、ぼくは必死で上がっていった。

ここに、その後、佐伯さんがガイド協会に宛てた的確な報告書があり、ぼくの記憶よりはるかに正確に思えるので、引用させていただく。何しろ、ぼくは事故をおこして、たいへん興奮していたのだから。

第四回の講習会に私は友だちの落合さんと参加しました。私は、講習会を受けたあと、できることなら北尾根のガイドをしていただきたいと思っておりましたので、最初の晩だったと思いますが、その旨、桜井様にお願いいたしました。

桜井様は、その場合、長谷川様が行ってくださることになるだろうとのお返事をくださいました。下山の前の晩に、長谷川様から明日、北尾根に行くのかどうか聞かれました。私はその日、三、四のコルまでみな様方といっしょに連れていっていただきましたので、自分としては、このあたりで満足すべきだろうなどと思い、御迷惑をおかけしては申しわけないから遠慮するというようなことを申し上げました。

翌二十五日は講習会の中では、最高のお天気でした。五、六のコルから奥又白の池に寄って、それから中畑新道を下りる相談をされていましたが、私は荷が重かったので、男の人の速いペースにはとてもついて行けそうもないと思い、通ったことのない道ですので行ってみたいと思いつつも黙って聞いておりました。しかし、あまりによいお天気で、このまま横尾に下りるのはもったいなく、この貴重な山での一日を（なかなか家を出ることができない立場ですので）もう少し楽しみたいと思いました。といって、道もよく知っていて、安全にとなると、吊尾根から前穂を回って岳沢に下りるぐらいですが、何回か通っているので、あまり気が進まないし、池を回る方は行きたいが、道がわかるだろうかなどと決心がつきかねて、ぐずぐずしておりました。

そのうち、講習生の方々はほとんどいなくなりました。和田さんとは特にいっしょに下りましょうと話し合ったわけではなかったのですが、和田さんは私がグズグズとそこにいるのに合わせて、私のそばにおられました。

というのは私の同行者であった落合さんが身体の具合がよくないからと、その前日の朝、ひとりで下山されましたので、女性は直ちゃんと和田さん、私の三人だけになり、和田さんと私は食堂に行くにも、洗面にいくのもいっしょという具合に最後の日にはなりまして、単独行の経験もないらしい和田さんとしては、私が行くところにいっしょに行くつもりになっていられたのは自然のなりゆきだったと思います。

しかし、はっきりと和田さんからそういわれたわけではないので、その段階では和田さんはどういうつもりなのだろうかなどと気になりながらも、自分自身のことしか考えていませんでした。

その時、長谷川様が私に、どちらに下りることにしたかとの気軽な言葉をかけて下さいましたので、私は池を回って下りるのに同行していただけないものかお聞きしました。長谷川様は、あまり気が進まぬような御様子でしたが、二人を見て「お二人ですか」とたずねられました。私は和田さんに私はこうしたいが、あなたはどうするのかと聞きますと、和田さんは「ええ私も」という返事でしたので、私が長谷川様に「はい、二人です」と答えました。

長谷川様としては私たち二人がはじめから相談して、その上でお願いしたものと受けとられるのは当然で、この点、自分の態度がたいへんに無責任であったと心苦しく思っております。

長谷川様は「ちょっとお待ち下さい」とのお言葉を残して、桜井様、吾妻様のところに相談に行かれました。しばらくたって戻って来られた長谷川様は私たちを見て、「お一人、二千円です」といわれました。私たちはそれぞれ「結構です」と返事しまして、池を回る道をガイドしていただくことが本決まりとなりました。

七時過ぎに涸沢ヒュッテの前で、桜井様、吾妻様、直ちゃんとお別れして三人で五、六のコルに向かいました。私はうれしくてしかたがありませんでした。九時少し前に五、六のコルにつき、しばらく休みました。九時十五分頃出発しました。先頭を長谷川様が歩かれ、私、和田さんの順でした。お花畑が素晴らしくきれいなところを通りました。左手のハイ松の中に雷鳥が六羽いて、それを立ち止まって見ていたりしました。

それから道は急な階段状の下りとなり、右手の下がガラガラのガレ場になっている沢の上部らしいところに来ました。私が「ピッケルの石突きがさわらないように」などといいながら、左手で背中のピッケルの石突きを持ちましたら、長谷川様が「ぼくが持ちます」とおっしゃって、はじめから持っておられた和田さんのピッケルと合わせて持って下さいました。

何となく和田さんに「こんなところでも落ちたら大事になるから、気をつけて行きましょうね」などと声をかけ、長谷川さんからも「気をつけて下さい」といわれ、一歩ずつゆっくり下りていました。何か異常な気配を感じて後ろを振り返ったとき、右の宙に和田さんの体が傾いたのが見え、そのままころころとガケの草つきを転がりはじめました。

次の瞬間、猛烈な勢いで長谷川様が和田さん目がけて飛びつきました。長谷川様は和田さんに近づいたように見えましたが、二人ともゴロゴロところがり落ちて見えなくなってしまいました。あまりにも思いがけない一瞬のできごとにぼう然としながら、私はみちを急いで二人のところにおりて行こうとしました。二人ともあるいは死んでしまったのではないかなどと思ったりしながら名前を呼びましたら、すぐに返事がありましたので、そのときは本当にホッと致しました。

二人が下の方に見えた時、長谷川様は和田さんのお世話をしていたようです。私が下りていこうとすると、長谷川様は私にまで落ちられたらどうしようと思われたらしく、「いま迎えに行きますから動かないで下さい」と言われ、私が「私は大丈夫ですから心配なさらないで下さい、気をつけておりますから」と何度言いましても血だらけの身体でよろよろなさるらしい足を踏みしめるようにされて登ってこられました。

私はそんな長谷川様がお気の毒で、申しわけなくて、言葉が出ませんでした。和田さんのいるところに行き、長谷川様が二人の傷の手当をなさるのをお手伝いをいたしました。私が至急連絡に下山しましょうと申し出ましたが、多分道がわからないだろうからといわれ、許して下さいませんでした。

オロナインをぬってほうたいをする程度の手当をした後、三人でゆっくり歩いて下りて来ました。二人とも青ざめていましたが、特に長谷川様は指まで青ざめて足を持ちあげるのも必至な御様子でした。傷口ができて、頭の内出血をしないですんで本当によかったと思いました。

二人とも、たくさんの血を流しているので、日中の暑いさかりでしたのに、たくさん着て暑いともいわれず私は内心ドキドキしておりました。

池を過ぎて、しばらく下りました。このころになると長谷川様はますます辛そうに見え、和田さんの方がかなりしっかりした足どりでした。私はずっと和田さんの腕をとって下りて来ていました。長谷川様が私に時刻をたずねられました。十一時頃でした。(中略)

長谷川様が私に時刻を聞かれて考えていられたのは、桜井様、吾妻様が上高地を発たれる前に徳沢まで下山してこのお二人に連絡できるかどうかということのようでした。そうしているうち、長谷川様は歩く力がつきてきたように思えてきました。足があがらないようでした。

私が重ねて連絡の役目を私にまかせて下さるよう申しますと、「ここからは一本道で、間違うところもないのでお願いします」といわれました。そこで連絡の要旨と連絡先の順位を伺いました。それによりますと、徳沢に下りて、電話で

1、上高地の西糸屋に電話し、桜井様、吾妻様に事故を報告し、その指示にしたがう。

2、お二人が上高地を出られた後ならば、松本の駅で二人を呼び出してもらって報告し、その指示にしたがう。

3、どうしてもこのお二人に連絡がつかない場合は、東京の堀田様か吉尾様に連絡してその指示にしたがう。

4、北穂山荘の次田様にも連絡して、相談にのっていただく。

でした。しかし、桜井様たちが特急で帰られるというのは私も聞いていましたが、何時の特急なのかは私も長谷川様も聞いていませんでした。私はたぶん三時のに乗るのだろうか、それならば上高地にお昼ごろまでに下りられなければならないはずだが、などと思っていました。

十一時二十分ごろ、私はサブザックに地図一枚とお金と水を入れ、二人を残して中畑新道を下り、一時少し前徳沢園に着きました。すぐに公衆電話から西糸屋に電

話しましたが、女の人の声でガイド協会の方々はもう出られましたとのことでした。関係の方が誰かいないかどうか聞きましたが誰もいない、その方々は十一時頃、もう出発されたとの返事でした。

落ちついて考えれば、桜井様たちはまだ到着されておらず、女の人は早朝涸沢を出た講習生の方のことでもさしていたのかも知れなかったのですが、私はずいぶん速く歩くのだなと思ったものでした。

この事故を協会以外の方に勝手にもらしてはいけないと思い、西糸屋にはその他のことは何も告げずに電話を切りました。次に松本駅の駅長室に電話して、アナウンスにより桜井様が駅の内外におられたら電話口に出ていただくようお願い致しました。この場合、アナウンスをしている声がこちらの受話器まで聞こえてくるのですが桜井さんが出ないままに向こうの受話器がはずれて、そのままになっているので大変困りました。

「あずさ3号」は十五時の発車だったので、今度はこちらで電話をいったん切り、案内係の方に再びかけて、「桜井さんと吾妻さんという方がたぶん十五時発のあずさ3号に乗車すると思うが、至急連絡したいことがあるので発車の二十分ほど前になったら放送して呼び出し徳沢園にいる佐伯のところに電話してほしいと伝えてほしい」旨依頼しました。松本駅ではそれを承知してくれました。その後、北穂の小屋に電話し、次田様に相談しようと思いましたが、不在だったので、お帰りになったら徳沢園で佐伯が待っているので電話していただきたい旨、お願いいたしました。

三時近くなり、松本駅から電話が来るかと電話のそばに立っていましたが、三時を過ぎても連絡は来ませんでした。とうとう桜井様、吾妻様に連絡はできなかったものとして、次に東京の吉尾様にお電話致しました。

この場合は吉尾様が電話口に出られたとたんに十円玉が切れて電話が切れてしまい、再びかけ直そうとしても今度は向こうが受話器をはずしているため、電話がかからず、もどかしい思いをいたしました。

やっとの思いで吉尾様に電話が通じ、二人が山の中にいる旨お伝えして御指示をあおぎましたところ、すぐ上高地の救助隊本部の木村さんに電話して、救助隊が出動してくれるよう要請するようにとのことでした。また今晩の汽車でそちらに行きますから、私（佐伯）は徳沢を離れないでいてほしいとのことでした。すぐに木村さんに電話致しました。ケガした人の名前など聞かれましたが、涸沢でたまたま知りあっただけの方なので、名前は存じませんと申し、自分の名前だけを告げました。その時こちらで言ったことは「女の人が足をふみはずし、それを助けようとして男の人も落ちてしまったこと、二人を池の下の方のかんばの木の茂っているあたりに残して来たこと」などでした。

木村さんは救助隊を出すから、あなたは今いる所を動かないようにとのことでした。すぐあと、次田様から電話が来ましたので、その時点までのできごとや経過をお話しいたしました。

話が前後いたしますが、下山の途中、奥又の谷の出合より少し手前で二人登ってくる登山者に会いましたので簡単に事情を話して、様子を見てくれるように頼みました。その方々は傷の具合や場所など念入りに聞いて下さって別れました。

堀田様には、こちらからお電話したのか、向こうからかかってきたのか忘れてしまいましたが、お電話でその時までのことを御報告いたしました。（中略）

堀田様にお電話している最中、長谷川様と和田さんがその登山者の方につきそわれて下りて来られました。もう救助隊に来てもらう必要はないと思われましたし、長谷川様も同じ御意見でしたので、すぐに木村さんに「いま二人が下りて来たこと、私がはじめに思ったよりずっと軽いケガであったこと、もう自分たちだけで下山できるので救助隊を出していただかなくてもよいこと、ご迷惑をかけて申しわけないこと」などを申しあげ、続いて長谷川様が電話口に出られ、お礼をいわれました。

そのあと次田様にも長谷川様がお電話し、三人でゆっくり歩いて上高地に向かいました。（中略）

徳沢を出てしばらくしたところで、救助隊の車が向こうからやって来まして、私たちのところで車を停め、「大丈夫だな」と声をかけて下さいました。

長谷川様が「はい、大丈夫です。ありがとうございます」といわれると車はそのまま徳沢の方に走って行きました。明神の近くまで来たところ（もう少し暗くなっていました）その車が戻ってき、私たちのところで停まってドアがあき、「乗れ」といわれました。ありがたく乗せてもらって上高地まで来ました。（以下略）

ぼくのけがは頭に三針、両ひざのお皿の下がぱっくりと口を開け、指が入るほどで四針ずつ縫い、せん骨にヒビ、背中の裂傷が唐獅子のごとく鮮やかである。和田さんはあばら骨にひび、という傷だった。

松本の病院に、桜井さん、吾妻さん、吉尾さんが来てくれた。そして、吉尾さんが比較的軽傷だった和田さんを連れて帰ってくれたので、ぼくは安心した。そして、彼女たちの証言で、ぼくの行為が単なる油断や、技術未熟ということではないことがわかり、事故はむしろぼくに味方する展開となった。

この行為が実はガイド協会幹部の知ることとなり、「長谷川の行為こそ、ガイドの鑑である」といわれ、奥山章さんに認められて、正式にアルパイン・ガイドになれたのであった。

松本にかけつけた「星と嵐」の同人たちにつき添われて帰宅した。

身体はガタガタ。横になっていてもつらく、背中の裂傷とせん骨が痛み、腹ばいでしか寝ていられない。それに坐るのが実につらい。会社を辞めたばかりで失業保険の手続きもしていないので、収入が全く途絶えてしまった。完全に家族におぶさるような形の生活はつらかった。

しかし、ぼくを支えたのは、事故があった時、吉尾弘さんが東京から飛んできてくれたことと、その時、ほかの人にもらした「長谷川を死なせてはいけない。あいつは必ず将来、日本の山岳界にとって大切な男になる」という言葉だった。

涙が出るほどうれしかった。

このことでは、吉尾弘さんはじめ、たくさんの方々にたいへんお世話になった。心から感謝している。

衝立岩のある遭難

昭和四十六年秋

よく谷川岳に行くので、遭難の場面に出会うことがしばしばある。昭和四十五年秋、こんなことがあった。

烏帽子の奥壁で遭難者が二名出て、救助作業が行なわれているときだった。ぼくは滝沢下部で順番待ちをしていた。衝立を何気なく見ていると、ダイレクトカンテから人が空中に飛び出すのが目にとまった。なかなか止まらないので、

（ザイルが切れたんじゃないか）

と思った瞬間、確保していたひとが、くるりとひっくり返った。トップで落ちた人はヨーヨーのようにバウンドして止まった。三人パーティであったのだろう、ラストも同時に空中に放り出された。ダイレクトカンテにいたクライマーたちが、宙吊りになっている二人をあわててテラスに引きこんでいる。そうこうしている時、第二の事故が発生した。

衝立の第一ハングでハーケンが抜け、十メートルほど人が落ちたが、その人は、行動を中止して下降してしまった。次に待っているパーティが、ハーケンを打ち直して

登り出した。衝立岩は満員で、テラスごとに四、五人が順番待ちをしている。トップがハーケンを打ち、第一ハングを乗越したとたん、そこにあった人間の身体ぐらい大きな石がスポーンとぬけた。そして、その石は下のテラスにいたパーティの一人の頭を直撃した。

（あっ）

と思った瞬間、岩が飛び散り、人間が物体と化して倒れた。人間が死ぬ時、映画でよく見るシーンとは違って、バタッとまるで将棋を倒したように倒れて終わるのだな、と思った。そんなことを思っているうちに、どしゃ降りの雨になってきた。ぼくは滝沢下部にいたから、本谷バンドまであわてて登り、トラバースして、落石をよけながら急いで衝立の基部まで行った。

現場に行って、「手伝いましょうか」と声をかけた。見て見ないふりをしない、それが山の仁義だ。

「ええ、お願いします」

といわれ、ぼくは手伝った。おびただしい血が流れている。そばにいる人たちの顔は土気色に変わっている。

「ハーケン打った衝撃で岩が抜けたんだって」

「でも当人の過失じゃないよ」

「そうだ、何十人、何百人が登っていて、その震動で徐々に岩がゆるんでいたんだから……」

「下にいたやつ、ポケッとしてたんじゃないか」

「死人の悪口をいうのはよそうよ」

口々に話しているが、その表情は暗かった。顔はグチャグチャだった。その顔に覆面をしてテラスに運び、シュラフ・カバーに入れて梱包した。知り合いでないことで、感情は湧いてこなかった。イニシアチブをとる人はいなかったが、その場に居合わせた連中だけで衝立スラブを下ろす。

ぼくらも血だらけになりながら、やっとのことで出合まで下ろした。そして汚れた遺体を滝つぼで洗った。

烏帽子の奥壁で事故があったため、警察、検屍官などによって遺体があらためられた。ぼくのやることは終わったので帰ろうとしたとき、そばにいた観光客が8ミリを回し始めた。(残酷だなあ。この人、どういう神経しているのかなあ)と、ぼくはむしょうに腹が立ってきた。

一ノ倉出合では、そうした無神経な行動をする観光客によく出会う。その前も衝立岩での二人が宙吊り死した現場を見たくて、たくさんのマイカー族が押しよせたことがあった。彼らはまるで見せものでも見物するように、

「どこですか、人が宙吊りになって死んでるっていうのは」

などと山屋に聞く態度に、ぼくは怒り、どなったことがあった。

谷川岳ほど遭難に彩られた山はない。谷川岳の登山の歴史は、遭難の歴史といってもよいほど、多くの犠牲者を出している。手軽に行ける山ではあるが、その天候の変貌ぶりは遭難の第一の要因である。また、登はん者が起こす落石などもその原因となっている。

だが、山を歩き、岩をよじる登山者は、決して山で死にたいと思って山に行っているのではない。都会の喧騒や仕事から逃れ、よりよく生きたいと思う心と、自然と山が好きになってしまった心をもって、山に出かけるのである。岩に触れ、山を歩くことによって、生きがいを見出し、仕事に、人生に、新たなる活力をもって生きようとしているのではないだろうか。

一ノ倉で死んだ人が、観光客の好奇心の眼にさらされ、興味本位で写真を撮られ、8ミリを回す観光客の姿を見たとき、人間の非情な業を見る思いであった。

ぼくは十八歳の五月、谷川岳で先輩の渋谷さんの転落死を見て以来、何度もこの谷川岳で遭難者を見ている。

しかし、何よりもショックだったのは、近藤幸子さんの死であった。昭和四十六年十一月七日のことである。ぼくは一緒ではなかったが、金坂と渡辺が近藤さんとパーティを組んだ。いや組んだというより、近藤さんが自分で死を選んで、彼らの後についていったといった方が正確であろう。

以下は、金坂と渡辺から聞いた話をまとめたものである。

十一月六日夕方六時二十五分、金坂は近藤さんに頼んでおいた差し入れを受けとるために、彼女と品川駅で待ち合わせた。その時、近藤さんはいっしょに行く気はなかったと思う。ところがどんな風の吹きまわしだろう、こんな会話になってしまった。

「金坂さん、天気悪そうね。大丈夫?」

「大丈夫さ。もし天気が悪かったとしても、登る登らないは別にして、谷川まで行ってくるよ。山見るだけでもスカッとするからね」

「どうせ天気が悪いんだったら、私も連れてって」

「ダメだよ」

「いいじゃない。私は絶対登らない。もし天気がよかったら、私ハイキングするから」

近藤さんにそういわれると、金坂はハイキングならばとそれをこばまなかった。彼女はすぐ家に帰り、山の支度をして、また品川駅に戻った。ふたりで渡辺の待つ上野駅に向かった。

金坂は近藤さんが山のスタイルをしているので驚きながら、

「やっぱりダメだよ。キミの名前は計画書にのってないのだから。絶対、ハイキングにするんだよ」

と必死で彼女の勢いをそらせていた。ところが近藤さんはもういっしょに登る気持ちでいっぱいだったようだ。

「貴方たちが一緒に連れて行ってくれないならいいわ。ひとりで南稜にでも行こうかしら」

「おい、よせよ」

近藤さんはぼくと何度かザイルを組んだことがあったが、一ノ倉の衝立岩を登るにはまだ完全に力不足であった。

すねる彼女を見て、金坂もしかたなく水上までは許すことにした。内心では、（どうせ明日は雨だし、ぼくらも登らないんだからいいだろう）と思っていたから、彼女のそうした甘えも心地よく受け取っていたらしい。

水上に着くと、案の定雨であった。金坂も渡辺も「明日は温泉にでも入ろうや」などともう登はんはあきらめていた。ところが夜半から雨があがった。そうなれば、俄然登はん意欲がわいてきた。一ノ倉出合までタクシーを飛ばし、出合で三人がツェルトをかぶることになった。

しかし金坂は近藤さんを登らせるつもりはなかった。第一、無届である。にもかかわらず近藤さんはもうここまで来ているし、ふたりに対し、先の南稜行きをほのめかしたりした。金坂は辛かった。以前から好意を抱いていた彼女をムゲに置いて行くわけにもいかず、いっしょに登はんすることを渡辺に了解を求める側にいつのまにかまわっていた。

渡辺はしかたなく了解し、十一月七日午前四時、三人は出合を出発したのであった。

一ノ倉上空は星と月がきれいに冴えていた。

ヒョングリの滝を高巻き、テールリッジへ。中央稜取付き下方で朝食をすませ、登はん用具を身につけ、三人は衝立スラブをトラバースして取付きへ向かった。

午前六時半、ザイルをつけ、金坂がトップで登はん開始。テラスにセカンド渡辺を迎え、金坂はそのまま二ピッチ目を登り出した。渡辺は金坂をジッフェルしながら、近藤さんをテラスに迎えた。

金坂は快調に二ピッチ目を終え、渡辺を迎えた。続いて同様に三ピッチ目を登り、渡辺は近藤さんを迎え、渡辺、近藤の順で三ピッチ目を終えた。

天候が崩れそうだ。午前十時五分、今度は金坂のジッフェルで渡辺がトップで四ピッチ目のオーバーハングを乗越し、続いて近藤さん、金坂が同時に登った。天候が崩れはじめ、やがて雨となった。急がねばならない。五ピッチ目、金坂トップで終了点へ。そして近藤さんを迎え、続いて渡辺を迎えて、午後四時、ついに登はんを終了した。

金坂は無届ながら近藤さんが無事登はんを完了したことに、ちょっとした幸福感を抱いていたかもしれない。しかしそのころになると、雨がみぞれに変わり、吹雪のように荒れはじめた。そんな中ではそうゆっくりはしていられない。

羊かんを三人でほおばり、不必要な登はん用具を金坂が背負い、九ミリのザイルでアンザイレンをし、渡辺、近藤、金坂の順で北稜を下降しはじめた。

四十五分経った。三人は吹雪の中で四十メートルの懸垂下降点に立っていた。三人とも疲労とまもなく下山できる安堵感が妙に入りまじり、終始無言であった。渡辺が先に下降、続いて近藤さんが肩がらみで懸垂下降にかかった。そして、約五メートル下りたところで事故が発生した。

きゃしゃな肢体の近藤幸子さんは、白い吹雪の中に火花を散らせながら視界から消えていった。

ぼくはその日、ガイド協会の講習会で、三ツ峠で岩登りを教えていた。三ツ峠でも午後からみぞれになった。金坂たちの山行を心配していたが、きっとすぐに下山しただろうと思い、ガイドしたお客さんたちと夜汽車で酒をくみかわしていた。

東京に着くと、一緒に行った奈良さんと桜井さんの家へ、酒盛りの続きをやるために向かった。そのころぼくは横浜の自宅に帰るより、先輩や友だちの家に泊まることが多かったから、その夜の桜井宅訪問もいつものお決まりのコースであった。しかし、心配するといけないので、桜井さんの家に着くと、すぐ家に電話をした。すると、母がいった。

「お前、近藤さんが谷川で遭難したよ」

「え！　誰から連絡があった？」

「金坂さんからだよ」

ぼくは冷水をあびたように酔いがさめた。

「奈良さん、近藤さんが谷川で遭難したぞ!」

「え!」

奈良さんの表情にも恐れに似た驚きが走った。ふたりは、ともかくすぐ行こうと立ちあがり、桜井さんに事情を話し、飛ぶようにして上野駅へ向かった。そして上野駅から同人宅へ電話を入れると、田端駅に集合とのこと、あわてて田端駅へ向かった。タンネの真田さんや遠藤の連絡で、田端の駅には「星と嵐」の同人たちが待っていた。森さん、遠藤、斉藤、石井、久保田、永田、黒沢、坂本。みんなの表情はこわばっていた。田端駅から車で土合へと向かった。

午前零時五十分、土合山の家に着き、現地で放心状態で待っている金坂、渡辺から次々と状況を聞いた。

原因は、ザイルを身体に巻いて空中懸垂で下りている時、腰も肩も手も凍ったザイルのために痛めつけられ、その痛さに耐えきれず、近藤さんが手をはなしたのだという。下降器はつけていなかったようだ。彼女には一度、明星山南壁で、限界に来るとすぐ手をはなしてしまうので激しく怒ったことがあったのを思い出した。

（即死だ！）

ぼくは直感した。しかし、すぐ行動に移らなければいけない。現地本部を土合山の家、捜索隊長を森さん、東京本部を松本正城の勤め先、八重洲の秀山荘に置いてもらうことにした。遭難には金がかかる。最小限の費用にしたいので、余計な人は来るなと東京本部に指示をだした。彼女の友人たちが何十人と集まり嘆き悲しんだところで、何の解決にもならない。むしろ現地に人が集まれば集まるほど捜索費という名目で滞在費がかさむだけであり、両親の経済的負担を多くしてしまい、救助しようというぼくたちの精神的重荷にもなるからであった。

翌日午前九時、彼女の入会している山岳クラブに遭難の連絡をしたが、彼女が無届であったことを理由に救助には参加しない旨、連絡があった。ぼくはその薄情さにあきれながらも、その方がむしろ手間がはぶけていいとさえ思った。ぼくは再び受話器をとると、家にいる母に頼み、あとから来る「星と嵐」の同人にぼくのありったけの貯金をわたすよう頼んで、救助の準備に入った。

近藤さんの家族がやってきた。

「うちの娘のことだから、けがぐらいで、どこかの岩かげに避難していますよ。お願いです、早く助けてやって下さい」

父親の必死の気持ちがよくわかった。幸い尊敬する大先輩、吉尾弘さんもいっしょにかけつけてくれた。午前十時、捜索隊は谷川岳警備隊の詰所に集合した。現地本部連絡係に石井、捜索隊は森、吉尾、長谷川、遠藤、斉藤、黒沢、坂本、久保田の八名である。

雪は相変わらず降り続いていた。ぼくは金坂から聞いた事故現場のルートを逆にたどることにした。積雪は五十センチ。ツルツルのスラブを水が流れ、雪がその上に積もっていて危険な状態であった。ぼくは吉尾さん、遠藤と組んでどんどん登っていった。午後二時、衝立前沢、墜落点より二百メートルほど下部で、ぼくは雪をかぶってひざを立て、眠っているような近藤さんを発見した。

死んでいた。ひざの骨は飛び出していたものの、顔にかかった前髪を上げるととても美しい死に顔であった。ぼくに会って微笑んだような気がした。

「吉尾さん、いましたよ」

ぼくは何故か冷静であった。ここで感傷的な気持ちになっている暇はない。悲しみの涙を流すのは下りてからでもよい。とにかく早く下ろし、家に帰らせてあげたかった。ぼくと吉尾さんで収容作業を開始した。ガイド協会の研修などで、ぼくはこうした作業の訓練をしていたこともあって、作業はスムーズに進んだ。

雪はやむことを知らずに降り続いている。しかも、あたりが暗くなってきた。ぼくらはテールリッジ末端より八十メートル上部に遺体を安置し、ザイル工作をしながら下山した。

近藤さんの家族は娘が死んだと知ると、一様に口を閉ざし、暗く沈みこみ、ぼくは側にいることがつらかった。

その夜、近藤さんの所属していたクラブから数人のクライマーたちがやってきたが、彼らは作業に加わらなかったし、私たちも望まなかった。「星と嵐」の同人たちなら救助も慣れているだろう、というのが彼らの言い分だった。

翌朝、収容隊五名、ザイル工作隊三名、回収隊二名で安置場所へ向かい、午前十一時二十分収容を完了した。死因は頭蓋骨骨折による即死であった。午後、水上で荼毗に付し、夜十時、「星と嵐」同人たちは上野駅で黙禱を捧げ、解散した。

この遭難でのぼくたちの救助作業は敏速であった。この日の遭難事故は四パーティほどあり、それらは一週間から十日後に遺体が収容されているが、遭難の翌日に遺体が収容されたということは、隊員の決死の行動のおかげであった。

不幸なできごとではあったが、たいして費用もかからず、皆一様に安堵していると き、僕の耳にこんな言葉が伝わってきた。

「娘になぜ山を教えたんだ。山なんか教えなければ、娘は死にはしなかった。長谷川が娘を殺したんだ……捜索費用など一切払わない」

といういうことまでも。

ぼくは答えようがなかった。一緒に登ったのならともかく、そうではなかったし、ぼくは彼女に手を放すくせだけはやめろと何度も注意していたのだから。死んだ近藤さんも私のせいではないことを知っているにちがいない。また、短い人生ではあったが、彼女は山というものを知るきっかけとなったぼくに、あるいは感謝しているのではあるまいか、と思う。

近藤幸子よ、安らかに。

エベレスト登山

昭和四十八年夏

二十三歳の春、エベレストへ行きたい一心と、ガイドとして夢を実現させるため、ぼくは八年間勤めた日本コロムビアを辞めた。辞めた五日後、ガイドをしている最中に大けがをしてしまったが、けがの功名というのか、奥山章さんの認めるところとなった。

奥山さんは、ガイド協会の専務理事、そして第二次RCC同人のヒマラヤ委員会の委員長であった。ということは、RCCエベレスト遠征隊の実質的な隊長である。ぼくを正式なガイドとして認めてくれただけでなく、エベレスト隊の強力なメンバーとして選抜してくれたのだった。

傷がいえてからのぼくは、エベレストに行く資金かせぎのため、いろいろな仕事を同時にしはじめた。なにせ日本コロムビアを辞めてもらった退職金は八万円である。資金集めをしなければばならなかった。アルバイトに窓ふきをはじめた。そして吉尾弘さんのもとで、団体生命保険の仕事をしたかったが、入社してみると吉尾支部は解散し、かわりに小貫支部ができ、ぼくはそこになんとなく入るはめになってしまった。

ガイド協会の定期的な講習会にも、「長谷川を使ってやれ」という奥山さんの一言で、順調にガイドとしての仕事がくるようになった。

こうしてぼくは、エベレストへの自己分担金と生活費をかせぎ、エベレストへの準備を進めていった。ところが不測の事態が起こってしまった。奥山さんの死去である。ガンに悩んでの自殺であった。ぼくにとってこのよき理解者を失ったことは、大きなショックであった。RCCのエベレスト遠征隊に与えた影響も大きかった。実質的な推進役であった湯浅道男さんのショックも大きく、「長谷川君、エベレスト成功させような、一緒に頑張ろうな」と言って涙を流していた。

この衝撃を乗り越えて、四月、先発隊が出発し、本隊は八月にカトマンズに集結した。総指揮・橋本龍太郎、総隊長・水野祥太郎、登はん隊長・湯浅道男、登はん副隊長・青木洋、隊員、報道隊員あわせて四十八名といった大遠征隊であった。

ぼくは先発隊として四月に日本をたち、ネパールで本隊のための準備工作をすることになった。先発隊長は上田富雄さん、森田勝、岡山の近藤国彦さんを含めて七名がカトマンズに先行した。

高所順化をし、近藤さんとエベレスト街道を逆に下って下調べをしたが、モンスーンとともにカトマンズでの憂うつな日々が続いた。何もしないのはどうも性にあわないぼくは、警察学校で柔道のトレーニングをすることにした。日本人の柔道の教官に事情を話し、毎日警察官とともに、柔道のトレーニングに励んだ。

近藤さんは、体操の国体選手でもあったので、体育館に行き、毎日トレーニングをしていた。各自が思い思いのトレーニングをしていたが、あまりシャカリキにやりすぎて、本隊が来たころにはぼくはダウンしてしまった。肝炎には何人かがなっていたが、ぼくは最後の発病者となった。

本隊の最終キャラバンと行動をともにして三日目、身体がだるくてしかたがない。目が黄色くなり黄だんの症状が出ている。坂野ドクターに、一刻も早く下山することをすすめられ、つき添われて近くの飛行場にあるヒラリー病院に入院した。

恐ろしい病院であった。坂野ドクターは、病院のドクターにぼくのことをよく頼んでくれはしたが、そのままキャラバンに出てしまい、一人になったぼくは心細さと、もう遠征隊には参加できない、もう登山はできないのではないかと考え、気が狂う思いだった。

毎夜、重度の患者の家族が集まり、ろうそくに灯りをともし、香をたいて魔除けをし、シンバルをたたいての気味の悪い祈禱が続き、眠ることができなかった。

飛行場の脇にあるこの病院で、私はカトマンズから迎えにくる飛行機を待った。健康なときならいざ知らず、病の身で、一人待つ時間は長く感じられた。爆音がするたびに外にとび出す始末だった。

数日後、迎えの飛行機が来て、カトマンズの病院に収容された。

日に日に病状は回復したが、もうこのエベレスト登山に参加できないかと思うと、病気の回復とは別に心は暗く沈んでいった。十日間ほどの入院で退院した。

山に行く見込みもなく、毎日カトマンズの、東京レストランの田口さんのところで夕食をとり、酒を飲んでいた。このころになると何人かの友達ができていた。そういった友人と深酒をしてしまった翌朝、突然ベース・キャンプに上がってもよいという伝言が届いた。二日酔いでフラフラになりながら荷物を整理し、不要のものを友人の家に預けて飛行場へ向かったが、フライトを一時間遅らせて、ようやく間にあった。

新しくできたシャンボチェ飛行場に着いたが、標高四千メートルのここでは、降りたと同時に二日酔いがぶり返した。

三日かけてベース・キャンプに着いたが、二日酔いと高度障害の影響で、顔はまんまるにはれあがっていた。

「やっぱり肝炎をやったやつはだめだな」

という声に、二日酔いの延長だとも言えず、ベース・キャンプの隅で、小さくかたまっている病気組の仲間となった。

福島博憲さん、合田敏夫さんと同じテントとなった。日がたつにつれ具合がよくなっていくのだが、なかなか上にはいかせてくれない。登山開始以来、好天続きであり、もう登山の見通しはついたというのが大方の見方であった。

ところが嵐がやってきた。一週間も吹き荒れたため、シェルパが一人死に、補給路が断たれてしまった。しかし、だんだん具合のよくなってきたぼくにも出番が回ってきた。前半戦で活躍していた隊員に疲労が見えてきたからである。

だが日数がないことや、頂上に登ることを第一の目的としたため、当初の計画――南壁からの頂上アタックは放棄されつつあった。

隊長がトランシーバーで全員との話し合いを行なったが、うまくいかなかった。四十八人の人間が、目的が同じとはいいながらも、このエベレストの山麓で一つの社会を構成しているわけで、利害が対立し、感情があわなくなるのは当然である。

ぼくはABCにいた。そして隊の方針として、ノーマル・ルートからの登頂隊を出すことが決められた。ぼくはそのサポートをするよう要請をうけた。南壁隊に加わりたかったのであるが、エベレスト登山隊の一員である以上、自分の行動をある程度、隊に一任した形になっている。南壁に心を残しながらも、ともかくノーマル・ルートのサポート隊員として、ぼくは全力を尽くすことにした。

七四五〇メートルのC3に入った後、サウスコルへ荷上げをする。そして石黒久さんと加藤保男君とシェルパ二人を残し、C3に下る。翌日がアタック日である。

昼前サウスコル上部を登る四人の姿を確認した後、松田さんとジャンケンをする。勝ったぼくが、シェルパ二人を連れ、サポートに向かう。サウスコルに着いてしばらくすると、アタック・メンバーのサポートをした二人のシェルパが下山してきたので、ぼくの連れていったシェルパを帰し、この二人のシェルパにテント・キーパーをたのんで、ぼくはひとりで酸素と補給食料を持って登り出した。

アタック隊の出発が遅れたようなので、下山が心配である。八三〇〇メートルくらいまで登ると、あたりに夕陽がさしはじめた。ローツェの南壁が真っ赤に燃えはじめ、足下に広がる山々は、箱庭のようである。しばし我を忘れて壮大な光景を眺めていた。ローツェ南壁の赤味が薄れ、黒い影があたりを覆っていった。

なおも登りつづけ、八四〇〇メートルくらいまで登ったところで、あたりは真っ暗になり、これ以上の行動を断念した。ポケットライトをたよりに、サウスコルへ下る。強風が吹きはじめた。

アタック隊が帰ってきてからの酸素の使用量のことを考え、酸素を吸わずに眠る。

脈拍は一二〇、呼吸は荒く、頭の中を幻想がよぎる。一睡もできない夜がすぎた。

翌朝、ＡＢＣとトランシーバーで交信すると、アタック隊は元気に下降中で、サポートは不要という。だが不思議に思ったので、シェルパ一人を連れ、サポートに向かう。昨夜到達した地点で、石黒さんに会う。シェルパに抱きつき、泣いている。隊員と思ったのだろう。加藤君の姿が見えない。シェルパとアンザイレンして石黒さんに先に下りてもらい、ぼくはひとりで加藤君を捜す。下で見たとき、チベット側に人影が動いていたことを思い出し、岩稜をチベット側にまいていく。そして、テラスに坐り込んでいる加藤君を見つけた。

酸素を吸わせ、ありったけの細引きを使いアンザイレンして、サウスコルまで下る。二人とも限界状態であり、これ以上下ることは無理であった。

ぼくはサウスコルにサポート隊がこないことを不思議に思った。相談の結果、ぼくがひとりで下りて、知らせることになる。

強風吹き荒れるサウスコルから、ジェネバスパーをトラバースし、岩稜の上でトランシーバーの交信をする。無事に収容したこと、加藤君の凍傷のこと、そして五人もテントに泊まれないので、ぼく一人が下ることなどを連絡した。ＡＢＣからベース・キャンプの隊長に、その旨の交信がはじまった。ぼくの交信はベース・キャンプには届かないが、ベース・キャンプからの交信はぼくに筒抜けである。そして結論として、今日中に全員を下ろせとの強い命令がきた。ぼくは仕方なく、またサウスコルにひき返した。

石黒さん、加藤君にその話を伝えても、彼らは話を聞きながら、夢見るように眠り込んでしまうほど疲労している。やはり今日下りるのは無理と思う。風はますます強くなる。

またジェネバスパーを一時間かけて越え岩稜に出て、トランシーバーの交信をする。ここしか交信地点がないのだからやむを得ない。ＡＢＣとベース・キャンプでまた話し合いがはじまった。隊長の強い要請で、今日中に絶対下ろすという。仕方なく、ぼくはサウスコルへまた話しにいく。彼らは絶対動きたくないという。また、ジェネバスパーをこえて、岩稜で交信をする。また同じことだ。ぼくは情けなくなった。今日ここにサポート隊がいれば、なんということもなく全員が下りられたものを、どうしてサポート隊はこの時間になってもこないのか。情けなくなって、涙がこぼれそうになった。ぼくは尋ねた。

「登頂隊員の下山が一日遅れているのに、なぜサポート隊がサウスコルまでこないのですか」

返事はなかった。C3に下りることを了解され、ぼくはゆっくりとC3に向かった。次の日、誰もこなければ、C3のシェルパをつれてサウスコルへ迎えに行こうと思った。C3に着いたとき、ぼくはくたくたに疲れていた。夜遅くABCからサポート隊が上がってきた。

強風に揺さぶられるテントの中で、ぼくはぐっすりと眠った。サウスコルよりここの方が空気は濃いなと思いながら、自分の責任を果たした安らかな気持ちで。

二十六歳〜

一歩を確実に踏み出すことにより、頂に近づく。自分の心と身体を完全にコントロールすることにより、単独でも安全に登はんすることができる。怖ろしさに震えながら、一ノ倉の出合で明日の登山を思っていると、新しい道がおぼろげながら開けてくるのを覚えた。

一ノ倉第二スラブ冬季単独初登

昭和四十九年三月

エベレストでの不本意な生活、いわば捨て駒として派遣された一年は、困難を求めるためでなく、あまりにも人間関係のいやらしさを見せつけられただけに終わってしまった。

南壁に足を踏み入れたのは、わずか三日間。壁に手もふれない。東南稜へは八五〇〇メートル付近まで高度はかせいだものの、技術的な厳しさもなく、あまりにも理想としていた南壁登はんと、ほど遠かった。

エベレストのたとえ上部キャンプにいても、ベース・キャンプに戻っても、実は谷川岳滝沢スラブの登はんに心を寄せていたのであった。というのも、「星と嵐」の同人だった遠藤甲太が書いたルンゼ状スラブの積雪期の登はん記録が、雑誌に載っていたからであった。

日本から送られてきたその山の雑誌をぼくはエベレストで何度も読み返し、「日本に帰ったら、あの滝沢スラブを登ろう」と決意したのであった。

エベレストから帰って虚脱したような日々が続いたが、冬の訪れとともに、滝沢スラブの登はんへの思いが、頭をもたげはじめた。

いろいろ考えるうちに、パートナーなしでも登れるのではないかと思いはじめた。一挙手一投足を確実にすることによって、転落はない。単独によるスピードアップによって、雪崩の危険から身を守ることもできる。

だが、単独登はんは、頭で考えついただけではすまされない精神的、肉体的、技術的に非常に厳しい緊張と修練が要求される。パートナーがいて、お互いの協力と信頼によってなされる一般の登はんとは異なり、恐怖、不安、孤独、それに現状判断といった精神的闘いを自分ひとりで処理し、克服しなければならない。なぜなら単独登はん者が、孤独、不安、恐怖といったものに一度でも取りつかれ、その心を支配されてしまった時、登はん能力は半減し、何をしても恐ろしく、不安定になってしまう。そうした意味で、その状態を乗りきる精神力が、単独登はん者には絶対に必要なのである。

ぼくは、単独登はんは何より精神力登はんだと思っている。だからといって、体力や技術をなおざりにしていいということでは無論ない。単独登はん者たりうるためには、すぐれた体力と、磨きぬかれた技術を身につけなければいけない。

そんなことはない、という人がいるかもしれない。無雪期に、自分で簡単だと思われる岩場を登はんすれば確かに楽しいだろうとぼくも思う。ぼくがいっているのはそういうことではなく、あくまで未知への憧れと、自らの登はん能力の限界に挑むという大前提に立ってのことだ。

一時、ぼくも単独登はんは人間的欠陥のある人がやることで、一般人はやはりパートナーと組むのが登山の常識だと思っていたことがあった。しかし、あのエベレストは何だったのだろう。日本のアルピニストの精鋭たちを集めていながら、チームワークの悪さは、むしろ一般人の常識にはるかに及ばない情けない集団ではなかったろうか。

単独登はんへの賛否、是非が確かに論じられている。そうした中で、いまこそ、単独登はん者自身に、その登はんに完全に近い体力、技術、精神力でのぞむことへの認識が必要であり、それによって周囲からとやかくいわれず、より困難な課題を自らの手で解決できるのではないか、とぼくは思ったのだ。

谷川岳滝沢第二スラブを選んだ理由はそこにあった。このルートは技術的な難しさというより、精神的圧迫からくる難しさがある。登ろうと思ってからも、ぼくの心に動揺が起きた。

雪崩の危険はないだろうか。天気の急変はないだろうか。いままで考えていたルートが本当にルートとなり得るだろうか。もし落ちたら、取付き地点どころか、一ノ倉沢の出合まで飛ばされてしまうだろう。

やっぱり誰かパートナーを選ぶべきだろうか。しかしスピーディに登るためには、やはり単独がいい。ザイルでビレーをとりながら登るか、あるいは、まったくザイルなしで行くか……。

そんな不安が交互にかすめた。だから、どんなに緻密な計画を立てても、心の動揺はなかなかおさまらない。心の中で自信と不安が入りまじり、何とも形容しがたい精神状態に陥ってしまった。

ぼくは、昭和四十九年二月二十六日に土合に着いてから三月三日まで、偵察と停滞をくりかえしながら、そうした心理と闘っていた。

三月四日午前六時十五分、はじめての単独登はんのため、秋葉、田原さんに見送られ、中央稜テールリッジ末端の雪洞を出た。三十分後、滝沢下部より登はん開始。二十メートルぐらい氷壁を登ると、雪の斜面に出た。それからまた氷、雪と登った。ふとつま先のツァッケしか刺さらない氷を見下ろすと、六、七十度の氷壁がはるか下に続いている。何があっても、もう下りられないと思うと、がぜんファイトが湧いてきた。

ピッケルのピックを氷に打ちこみ、アイゼンのつま先のツァッケを氷にけりこむ。次にアイスバイルのピックを氷に打ちこみ、ツァッケをけりこむ。エベレストの五三○○メートル付近の氷塊で暇をもてあまして、トレーニングしたことを思い出した。

あの時の続きのように快適な登はんであった。このピッケルをプレゼントしてくれた友、ピッケルとアイスバイルのピックにカーブをつけてくれたもうひとりの友、そしていま、中央稜のテールリッジでぼくの登はんを見守ってくれている二人、それらの仲間の友情を感じながら、陽の当たらない第二スラブを、まったく不安なく登っていった。

第三スラブのF4と思われる地点から右斜状に氷を登り、第二スラブに入る。雪壁を登っていくと、右の岩稜の方から人が現われ、左にトラバース気味に第二スラブに入ってくる。明け方、取付き地点にいた先行パーティの二人だった。あとを追うように登り、彼らに追いついた。

「ザイルをいっしょに組みませんか」

と声をかけられたが、ひとりで登るのが目的だからと断った。少し休憩し、時計を見ると登はんを開始してから二十五分しかたっていなかった。

彼らのラストが登りはじめたので少し追うが、私は左の氷壁の中央にルートをとり、傾斜のゆるい雪壁に出る。そこをヒザぐらいのラッセルで登っていくと、二人も後を追いついてきて、

「ラッセルを交代しましょう」

といってくれた。

ルートについても少し話をかわした。彼らは上部ルートについて、どう登るかまだ考えていないようだった。ぼくは前々から考えていたドームの右稜へ出るルートを話した。雪壁をまっすぐ登り、夏の草付き帯に入り、第一スラブの上部に出る。ラッセルを交代しながら登り、最後の二、三十メートルはぼくが一気にラッセル。いまにもなだれそうな急な雪壁を右にトラバースして、ドームの右稜に出た。

八時五十五分、登はん終了。

テールリッジでじっとぼくを見ている二人に、コールを送った。小さい人間の形が二つ、手を振っている。秋葉、田原さんだ。後続の二人組パーティに土合で会ったらビールをいっしょに飲むことを約束して別れ、Aルンゼに下降した。ここからもヒザぐらいのラッセルを黙々と続け、九時四十五分、陽の当たる国境稜線に飛び出した。ひと休みして、オキの耳、トマの耳を経由し、西黒尾根を駆け下りた。

一ノ倉の出合へ戻って眺めると、陽の当たった滝沢スラブの上部にトラバースの跡が見えた。稜線から雲がせわしげにわきあがり、えもいわれぬ爽やかな気分であった。

第二スラブにはぼくは自信があり、単独でも充分にいけると思っていた。しかし、それにはどんなことをしても一日で帰るのを前提としなければならない。そのため食料を少なくし、取り付いたら絶対に登るということから、ザイルの携帯もやめた。気になっていたAルンゼへの下降については、積雪が多ければザイルを使用しての下降は必要ないと思っていたが、はたしてその通りであった。

登はん時間が長引いたり、天候が悪くなっても、国境稜線に出られれば、必ず帰れる自信があった。人間の弱さでツェルトやコンロ、登はん用具などを携帯するかしないかだいぶ迷ったが、最終的には何も持っていかないことにした。それがまたスピードをますことにつながり、よい結果になったのだと思う。

スラブを登る条件は、気温、天候、雪質、氷質などすべて良好と思っても、それは登れるという百パーセントの確約にはならないのがおもしろい。

自然は気まぐれだが、科学的である。しかし、人は科学では割りきれない、恐怖心や勇気という感情を持っている。行って、登ってみなければわからない。そういうことが私をスラブにひきつけた原因かもしれない。

穂高岳——内田修一君のこと

昭和四十九年秋

内田修一君とはじめて会ったのは昭和四十五年四月、鷹取山でだった。まだキャラバン・シューズをはいた中学生であった彼と言葉を交わすうちに、自然を愛する気持ちと、山に接し、岩をよじることに自分を見出そうとしている姿勢に、ぼく自身と共通するものを感じると同時に、ぼくは岩をよじる彼の姿に、彼が生まれつき持っている登山の資質を見出していた。

その後、トレーニングの場、鷹取山で彼との交流がはじまった。愛犬ブールを連れてたびたび出会う彼に、「星と嵐」の仲間たちも好感を抱き、そこから打ちとけた交流がはじまったのは当然のなりゆきだった。

年に数回、山や町で会ったが、ぼくが言うことに「ハイ！　ハイ！」と答え、いつも素直であった。

彼と穂高へ行ったことがある。昭和四十九年のことだ。奥又白の岩場を二本登り、三本目に東南壁へ行った。これが難しくて、さすがの天才少年もヒーヒーいっていたのが印象的だった。四十メートル斜めにトラバースしたり、奥又へ下りたりしていると、遭難者を救助しているパーティに出会った。

「手伝ってやろうよ」

　ぼくと内田君はさっそく救助の手助けをした。

「これはかついだ方がいいよ」

　ぼくはそういうと、ガレ場を遭難者をかつぎながら歩いた。

「内田君、君もかつげよ。いい経験じゃないか」

　彼もニッコリ笑いながら、かついでくれた。たのもしい少年だった。

　その日のうちに遭難者と別れ、涸沢まで行き、ぼくと内田君はテントを張った。そのうち、営林署の人がテント料を徴収しに来た。彼は酔っている。

「テント料！」

「はい、領収書ください」

　ぼくは何気なくいったが、どうも彼はぼくのことを知っているらしい。そのころ山屋の間では、

「第二次RCCエベレスト隊は何だ、だらしねえじゃないか」という風潮が吹き荒れていたので、ぼくにもそのとばっちりが来たらしい。

　彼はいったん戻ると、七、八人の人数をひきつれて戻ってきた。手に棒や角材を持

っている。

「おい！　長谷川はどこだ」

口々にどなる声に驚いて、内田君といっしょに外に出てみると、そこにいるのはさっきの徴収係の山屋をはじめ、その仲間たちだった。

ぼくはただ領収書をくれといっただけだと弁明したが、全くらちがあかない。ベロベロに酔っていた徴収係は、ぼくが金を払わないと言ったとでも聞いたにちがいない。RCCのエベレストでの行動が気にくわないところへ、さらにぼくがそんなことを言ったというのだから、彼らが怒るのも無理はない。

しかしそれにしても、「テントをぶっこわせ」だの、「長谷川、出てこい」などは山を愛する者がいうことかと思うと、もうぼくはガッカリしてしまった。

その日はそれでおさまったが、翌日、彼らはまたやってきて、

「長谷川、ここは治外法権だ。お前ひとりぐらい殺してもわからない。ともかく顔を見るのもイヤだから出て行け」

といった。まるでヤクザではないか。山の世界もこういうもんかと思った。情けなかった。それより、こうした世界をはじめてザイルを組んだ内田君には見せたくなかった。

次の日、雨の中を大スラブルートを登って、屏風の頭に出た。目の前に涸沢が広がる。秋の景色が美しく、テントが、小屋が、ヒュッテが見える。その風景を眺めながら、ぼくは内田君に話しかけた。

「山で生きているってことは、こうした自然を楽しみに来る人たちのおかげじゃないのかな。そういう人たちが何故、昨日みたいに山の主みたいにいばらなければいけないんだ。むしろ、来る人に感謝し、自然に感謝する気持ちがなければ、こういうところで生活しちゃいけないんじゃないか。この大自然は国立公園だ。いいかえれば、ぼくと君、そしてみんなの財産なのだ。そうした中で生活できる人たちは、日本中の人たちに感謝したっていいんじゃないか」

前日、ぼくたちに襲いかかった人たちは山小屋のアルバイトだった。しかし、そのアルバイトの山屋によって、内田君はそこに住んでいる心優しい人たちまでをも含めて、山屋のいやらしさを知ってしまったのだった。

「こんなすばらしい自然に囲まれながら、あんな性根しか持てない登山家にはなりたくないなあ、内田君」

美しい風景の中の人間模様。なんだかすべてがイヤになってきてしまった。

(後日、その徴収係とは誤解もとけ、今では親しい友人としての交遊をもっている)

「本当ですか」が口グセだった内田君も大学へ入学した頃から、少年の面影を残しながらも青年としてのたくましさを備えてきた。

ぼくと何度か話すうちにアルピニストとしての自覚も生まれ、自己を表現するようになりはじめた。自分の志向する岩壁登はんを中心とした登山と、大学山岳部のめざすサークル的オールラウンドな登山との違いを感じ、部に入っていることに疑問を抱くようになったのもそうしたことの表われであり、多分にぼくの影響もあったと思う。ぼくも霧峰山岳会をやめたり、袂を分けた仲間もあったので、彼のそうした事情はよく理解できた。

アルピニストにとって登山は人生である。その時のぼくのアドバイスも退部をすすめ、社会人山岳会に入ることであり、彼もそれを強く望んでいた。ぼくは彼にＪＣＣに入会することを勧めた。古川純一さん、小森康行さんをはじめ、優れたアルピニストの多いこのクラブなら、彼の能力を引き出し高めてくれると思ったし、彼の望む登山を実行するのにこのクラブが最適であると思ったからである。

ＪＣＣに入会した彼は、理解ある先輩と多くの仲間に囲まれ、思う存分登山したことは彼の登はん記録によってうかがい知ることができる。

そして会うたびにアルピニストとして大きく成長していく姿に、ぼくもいつかは追いつかれ、追いぬかれ、新しい登山を作ってくれるであろうと楽しみであった。ぼくも頑張らねばと思うほど、彼の登山は激しさを増していった。

彼が激しく厳しい登山をすればするほど、その成長を喜び、「頑張れよ」と励ます気持ちと同時に、かつてのぼくの姿をかいま見る思いがして、一抹の不安を抱かずにはいられなかった。

ぼくも彼と同じ歳ごろには、岩壁しか見えなかった。けれど無我夢中で突進するような登山から、多くの貴重な体験を得た。彼もきっとそういう時期に来ていたのかもしれない。

山と自分との葛藤から、多くを学びとらなくてはならない大切な時期である。それはまた、非常に危険な時期だ。うまくこの時期を切りぬけてくれ、とぼくは祈った。

――だがその願いも虚しく、彼は昭和五十二年三月、奥鐘山の岩壁をめざして黒部の谷に消えていった。ぼくがマッターホルンの北壁を登り終えて帰ってきて、直後のことであった。たび重なる捜索にもかかわらず、遺体はまだ発見されていない。

山での遭難は痛ましい。時には集団で死者を出すことにより、社会的な問題となる。

そして、なぜそれ程までして山に登らなければならないのか、という声も多い。いうまでもなく、山での遭難は極力なくさねばならない。しかし遭難は、人生の喜び、生き甲斐といったものを山に求めた人たちが、生死の境で、生きるために精いっぱい頑張った結果に起こったことである。

内田修一君のお父さんが、次のようなことを話しておられた。

「息子は二十一歳でこの世を去ってしまったが、登山を通して多くの人たちと親しくなり、短くはあったが、全うした人生を送ったのだと思っています」

お父さんの手により、遺稿集『ザイルをといてトコトコ行く』が編集され、自費出版されている。

穂高連続登はん

屏風岩―奥又白―滝谷―槍ガ岳―北鎌尾根

昭和五十年一月

昭和四十九年三月の谷川岳一ノ倉沢滝沢第二スラブの単独登はん以来、ぼくは登はんらしい登はんもせず、山らしい山へも行っていなかった。

仕事の忙しさもあったが、本当に自分の山となるとむしろ行く気にならなかったという方が正確である。そして、あっという間に秋が過ぎてしまった。しかし、日一日と冬が近づくにつれて、さすがに（そろそろ、どこかに登ろうかなあ）と漠然と考えるようになった。

穂高か谷川かなどといろいろ考えたが、一月は休みが長くとれそうなのを理由に、数年来、胸にしまっておいた計画を実行することにした。

それは、屏風岩を登り、四峰正面～前穂東壁～奥穂高～北穂高～滝谷の登はん、そして槍ガ岳へ縦走し、北鎌尾根を下降するという計画である。

ぼくは暇さえあれば、食料や装備、登はん方法などを検討した。はじめは二、三人のパーティを組むつもりでいたが、考えていくうちに一人でも登れそうな気がしてきた。

単独登はんでの自己ビレーの取り方、日程、食料、装備等々、具体的に整理をしていった。だが、考えれば考えるほど、はたして登れるだろうかと不安になったり、いや絶対に登れると、自信を持ったりで、やはり不安定な精神状態が続いた。

こんな状態で、十二月も下旬に入ってしまった。くよくよ考えていても何も解決しないし、装備や食料についても考えすぎるほど考えている。あとは行動するのみと思い、行けるところまで行ってやれと、昭和四十九年暮れ、松本行きの列車にひとりで乗りこんだ。

横浜を出たぼくは、中の湯を経由し、元旦、上高地に入り、横尾岩小屋でビバークした。

食料、装備合わせて三十キロ以上ある荷物を能率的に引きあげることを考えた上で、ぼくは屛風岩第一ルンゼを登ることに決めた。東壁のどのルートへ行っても、登って荷上げをし、また登って荷上げをするということを繰り返すと、まる二日間あるいはそれ以上かかるかもしれない。しかし一ルンゼは、氷壁さえ登ってしまえば、後は荷物をかついで歩いて高度を稼ぐことができるので、非常に能率的であった。

横尾で得た情報によると、四、五日前より天候も安定しているとのこと、雪崩の心配もなさそうだし、横尾の岩小屋に居合わせたぼくの後輩もこのルートへ行くという。サポートなしと思っていたが、彼らに氷壁より上部のラッセルをしてもらい、大いに助かった。おかげで一日で稜線直下三十メートルのところまで登り、一緒にビバーク。二日目には、最低コルまで行ける速さであった。

四峰正面は、松高ルートを考えたが、「同人ディー・ラビーネ」の半谷パーティが松高ルートへ行くとのことなので、計画を変更した。なぜなら、松高ルートはルートが比較的直線に近いので、荷上げが楽と考えていたが、二つのパーティが同一ルートに取付いたのでは時間がかかるし、やはりだれもいないところを登りたかったからである。

ぼくはいろいろ考えた末、北条・新村ルートにした。斜登とトラバースがあるこのルートは、荷上げが不便だが、それについては、一度登はんし、ザイルを固定してから下降、再度荷物をかついで登り直すという方法をとった。夏、冬に登っていたルートなので、不安もなく、非常に快適な登はんであった。これに気をよくしたぼくは、これから先の登はんにも、さらに自信を深めた。

計画段階で、前穂高東壁右岩稜古川ルート～Dフェース都立大ルートの連続登はんを考え、その困難性を想像して、出発前、いろいろ悩んでいたが、そのことすら、四峰正面での快適な登山をしているうちに取り越し苦労に思え、気楽に古川ルートに取付けた。

しかし、この古川ルートの登はんは、そう簡単にはいかなかった。とにかく時間をくってしまい、北壁の雪洞でビバークしなければならなくなり、結局全体の計画を多少変更しなければならなくなった。

登り出して一週間目、Dフェースをあきらめ、Aフェースを登り前穂高岳に出た。この登はんも荷上げが思うようにいかない。一度登ってはザイルを固定、下降して再び荷物をかついで登るという方法をとった。

ハイマツ・テラスの下で、荷上げ用ザイルが岩角にひっかかり、危うく落ちそうになったり、下降の際、ザイルが足りなくなり、空中で振子トラバースをしたりして、悪戦苦闘の連続であった。

暴風雪の中を、なんとか前穂高岳頂上から吊尾根を縦走して奥穂高岳直下まで達し、雪洞を掘ってビバークした。

翌一月八日も風と雪。雪洞から穂高岳山荘へ向かった。猛吹雪が続く。穂高岳山荘で三日間、停滞を余儀なくされた。

しかし、なんとか進まなければの焦燥感から、一月十二日、風雪の中を穂高岳山荘から北穂小屋まで行った。ところが天気は一向によくならない。ここでも二日間、停滞させられてしまった。

一月十五日、やっと雪がやんだ。滝谷はC沢右俣奥壁を狙っていたが、天候が不順なので、とにかく滝谷を一本登ることのみを考え、ちょっとした天候の晴れ間を利用してクラック尾根に出かけた。

昼すぎに取り付いたので、持ち時間が少ないことと、天気が悪いことから「同人ディー・ラビーネ」の半谷パーティと行動をともにし、楽しい登はんとなった。

翌朝再び天気が崩れ、北穂小屋から南岳避難小屋へ。午後槍ガ岳に向かったが、風雪のため道がわからず、南岳へ引き返した。

一月十七日、南岳から槍ガ岳へ向かい、北鎌尾根を下降し、独標を経由して、北鎌沢コルへ。雪洞でビバーク。翌日、雪の北鎌沢コルから北鎌尾根末端へ。そしてツェルトでビバーク。

前穂高〜奥穂高〜北穂高〜南岳〜槍ガ岳〜北鎌尾根の下降まで、この縦走中の天候は悪く、暴風雪か、晴れていても吹き飛ばされそうな強風であった。この強風は、エベレストのサウスコルで経験した強風に勝るとも劣らないものであった。

北鎌尾根末端から葛温泉までは、膝、腰、あるいは胸までのラッセルで、非常に苦労したが、半谷パーティと協力しながら葛温泉へ下ることができた。

この山行を総括してみると、一ルンゼや奥又白の登はんは単独であるが、縦走中は半谷パーティとぬきつぬかれつ、ほとんどいっしょにビバークと停滞をしている。サポートなしの山行であったが、半谷パーティがぼくのサポート、あるいは同一パーティのような気がする。一月十二日の穂高岳山荘以後、食料を共用し、行動を共にしたので、この時点で、ぼくは単独ではなく、半谷、白石、長谷川の新パーティができあがったのであった。彼らと会わなければ、ぼくはこの山行を完走することができなかったであろうことを思うと、感謝にたえない。

携行装備は重量を少なくするため、省けるものは徹底的に省いた。靴はシングル、靴下一枚で調整した。着る物もセーター二枚と、羽毛ヤッケだけ。ロックピトン五、六枚で、四峰正面や右岩稜の残置ピトンをぬき、それを再使用した。

ビバークは、徹底して雪洞を掘ることにした。一メートルの積雪があれば、一人用のなら十分に作ることができるし、風もよけられる。そして濡れずにすむし、消耗も少ない。そう考え、大型のスコップをアイスバイルに取りつけられるようにして携帯した。これは非常に有効だったと思う。

この二十日間のうち、後半はパーティと合流した形になってしまったが、そのことは自分の単独登はん者としての弱さを示している。ただ前半の単独登はんでの体験は、瞬発的な登はんと違う、持久力の必要な山行であったことで、自分のこれからの山登りに大いにプラスになると自信を深めた。そして、この自信が次のヨーロッパの大岩壁を単独で登ることを考えはじめる契機となった。ぼくは瞬発力、持久力、そして精神力をこの山行から学びとり、漠然とではあるが、自信の一端をつかんだような気がした。

マッターホルンへの道

昭和四十九年

単独登はんは、みずからの登はん能力の限界を追求してゆくひとつの方法であり、より高く、より困難を追求する一アルピニストとして、当然行なうべき方法のひとつだと思っている。

登山にはいろいろなやり方があると思う。パーティの編成にしても、用具を使う考え方にしてもしかり。ボルトを賛美する人、より自然な形を尊ぶ人などさまざまである。

それらは最終的にひとつのパーティをつくる。それには二、三人の小グループもあれば、ヒマラヤ登山のように十人、二十人もの大グループもある。

そうした中で単独登はんもまた、〝ひとつのパーティ〟であると思う。

多人数からより困難なものを求めて少人数になってきた登山は、チームプレーであり、パートナーの精神的支えやお互いの協力によって、一人で登ることの二倍、三倍もの力が発揮される。それがいままで登り得なかった高峰や大岩壁を克服することにより、さらにより高く、より困難なものへと追求されていったのだと思う。

そんな中で、すべてをひとりでやらなければならない単独登はんは、あこがれる人こそあれ、危険が多く、なかなか実践されなかった。だから、その記録も少ない。

ぼくが単独登はんを始めようと思ったのは、先にも書いたように谷川岳滝沢第二スラブの登はんにおいてだった。二人よりひとりの方がスピードがあり、雪崩をうける可能性も少ないから、安全と考えたのであった。ところが、いざ行動しようとしてからの心の葛藤は、言語につくしがたいものがあった。

ここではじめて、単独登はんにおける精神的要素の大きさを悟った。

だがその後の穂高連峰での二十日間におよぶ単独（不完全ではあるが）での連続登はんでは、その谷川岳滝沢第二スラブで味わった以上に恐ろしい経験をした。

登はんを前にして始まる精神的な闘い、登はんが始まれば始まったで新たな神経をすり減らしながらの登高が続く。それだけではない。肉体的にもムダな疲労を強いられる。通常、一度登ればよいところを、いったん下降してまた登り返すこともしなければならず、パートナーのいる時の倍以上の労力を必要とした。

それなのにあえて単独登はんに挑む――われながら不思議であった。それだけに多くの苦しみを乗り越え、困難を克服した時の喜びはひとしおのものがある。

それにしても、人間の本質は弱いものだ、とつくづく思う。外面的には強く見えても、何か武器を身につけたとしても、その本質は変わらないのではないか。

ぼくはかつて、イタリアの山岳ガイド、ワルテル・ボナッティの本を読んだ時、単独でドリュ南西岩稜や冬季マッターホルン北壁での精神力にただただ驚いた。いや、驚きを通り越し、戦慄した。おのれに打ち勝ち、肉体の限界を岩壁に叩きつけ、頂上の十字架にたどり着いたボナッティ。その時の彼の気持ちがいまになって、少しわかるような気がした。

弱い人間が大きな岩壁に立ち向かった時、それは「山との闘い」というより、「自分との闘い」であり、自分の弱さとの闘いというべきではなかろうか。

ふと冬のマッターホルン北壁に登ってみたくなった。

あとがき

　人間の一生で誰しもに共通する通過点があります。それは年齢です。どんな青年でも年老いてゆき、どんな老人でも青年の一時期を通過してそこに至っています。

　十五歳で社会に出て働き出した私は、大人の社会に接すると同時に、登山の魅力を知るようになり、その悦びは年とともに深まってゆきました。

　ハイキングに行き、見るもの聞くものすべてが新鮮で、素直にそれらを受けいれていた十五、六歳。岩に触れ、その感触に陶酔していった十八歳のころ。無我夢中で岩登りをし、人の言うことも耳に入らず突進していった二十一歳のころ。憧れのガイドになって喜びいっぱいの二十三歳。そして、初めての海外遠征で人間関係の難しさを知り、単独登はんへの道を歩むようになった二十六歳――

　少年から多感な青年への移り変わりの中で、私は山に憑かれ、多くの人々との触れあいを通して、自分の人生観を作りあげていきました。本書はその当時のメモをもとに、その世代に戻って書き綴った十一年間の記録です。

　ふり返ってみて、自分の行動や考え方の幼稚さに恥ずかしい気もしますが、それは冬季のヨーロッパ・アルプスの三大北壁を単独で登る基礎を作った、私にとって極めて大切な時期でありました。

アコンカグア南壁の冬季単独初登はんを目指す私を乗せた飛行機が、サンチャゴ空港に降り立とうとしている今、私は、最後の原稿を書き終えたすがすがしさと、標高差三千メートルに及ぶ冬の岩壁に、自己の可能性の限界を拡げようとすることへのおののきと不安を、強く感じています。

冒険は非日常的な場に起こる特異な出来事のように思われがちですが、必ずしもそれだけではなく、自らの新たな可能性に挑戦するとき、場所と人とを問わず、展開するものだと思います。まさに、生き抜くことこそ冒険である、という思いがします。

確かな足どりで一歩一歩登り、一歩一歩生きてゆきたいと願っています。

昭和五十六年七月

解説

川村晴一

誰かに紹介されたこともなく、また所属する山岳会も異なっていたので、長谷川さんとはこれまで、国内においても海外においても、山行を共にしたことは一度もなかった。にもかかわらず、随分以前からの顔見知りのような気がしてならない。

山学同志会に入ってから、もう十五年が過ぎた。入会当時四十名ほどいた同期生のなかでも、私は体力、気力ともに一番弱い方で、山へ入るといつもヨレヨレの状態だった。そして先輩たちに怒られてばかりいて、悔しい思いをしていた。そこで厳しい山行に何とか耐えられるよう体力を鍛えるべく、休日ともなればほとんどいつも、鷹取山や三ツ峠などの東京近郊の山々へ出かけていた。岩登りが主だったので、もしかしたらどこかの岩場で、長谷川さんと顔を合せていたかもしれない。

長谷川さんは私と同年齢だが、駆け出しの私とは違い、すでに多くの難しい登はんを精力的に行っていて、若いクライマーのあいだでは、その名がよく知られていた。

恵まれた体力と優れた技術を駆使し、垂直の壁をすいすいとよじ登るその姿を、私は羨望のまなざしで、岩場の下から眺めていたような気がする。

長谷川さんの名前を意識するきっかけとなったのは、入会して二年目の晩夏、明星山への山行で、途中立ち寄った駐在所の登山者ノートに、その名を見出してからであった。

当時、長谷川さんは中心になって、「星と嵐」を結成していたはずで、明星山に通ってはいくつものむずかしいルートを開拓していた。山岳雑誌に紹介されたそれらの記録を、私は圧倒される思いで読んだものだ。しかし実力の差が歴然としていたので、ライバル意識など全くおこらず、むしろ登はんの喜びに目覚めたばかりの私にとって、長谷川さんの存在は大きな励みになった。

長谷川さんと話をするようになったのは、長谷川さんが冬のアルプス三大北壁に取り組んでいる昭和五十三年ごろであった。

アイガー北壁では、私たちのパーティが先に登りきり、クライネシャイデックへ下山した時、長谷川さんはルートの半ばを過ぎ、「死のビバーク」点に達していた。トランシーバーから聞こえてくる長谷川さんの自信に満ちた元気な声を耳にして、あの厳しいルートを単独で登る精神力と技術を思い、彼のアルピニストとしてのすばらしさに感銘を受けた。そして登はんの成功を心から祈ったのであった。

このころ、長谷川さんの登はんのスタイルは完成に近づきつつあった。そして翌年のグランドジョラス北壁によって、それは確固としたものになったと思う。

本書はマッターホルン北壁行の直前で終わっている。つまり無名時代を扱っているわけである。山岳書でこのような例は珍しい。にもかかわらず、実におもしろい読みごたえのある一冊になっている。それはきれいごとや楽しかったことだけでなく、はずかしかったことや書きにくいことなどをも素直に記していることにもよるが、やはり無名時代とはいえ、その登山内容が優れたもので、その姿勢に一途なものがあったからであろう。

好篇が揃っているが、なかでも私は「エベレスト登山」が強く印象に残っている。それは私が運よくその頂上に立つことができたことによる思い入れで言うのではなく、この一篇に長谷川さんのその後の登山を決定する体験と願いがこめられていると思うからである。
一、二名の登頂者を出すために、同じ隊員でありながら、サポートはあくまでその手段となり、サポートに終始する登山のあり方に、長谷川さんは強い疑問を抱いたようである。
そのことは、単独行の傾向に拍車をかけることになり、山岳会への加入をためらわせる要因になったと思われる。それはまた、このエベレストの体験が、長谷川さんについての〝単独行の一匹狼〟という一般的な概念を生む原因になったということでもある。

長谷川さんを語るとき、アルパイン・ガイドとしてのそれを抜きにすることはできない。そういう意味でも、将来は登山ガイドを職業にしたい、とのべている「アルパイン・ガイド協会」も興味深い一篇である。その願いがかない、長谷川さんは今、わが国で数少ない本当の意味でのプロガイドとして、活躍している。

そしてその社会的地位を確かにするため、地味ながら非常な努力を払っていて、ガイドの仕事を万事に優先させ、その職業に大きな誇りと責任感を抱いている。

無数の山岳会があり、尾根をたどればとにかく山頂に立てるわが国の山では、アルプスやヒマラヤの国々と違ってプロガイドを必要としない、と一般に思われているかもしれない。しかし山岳会に入って、先輩後輩などの人間関係に拘束されることをきらい、しかも、尾根歩きから先の、それなりにきびしい登山をしたいと考えている人も多いようである。

長谷川さんはそういう人たちと横につながる仲間として登り、責任をもって安全にガイドしようというわけである。

現在、職業上とはいえ、長谷川さんほど数多く日本の岩場を登っている人はいないのではないだろうか。しかも事故を起こしたという話をほとんど耳にしたことがない。一つのことを思い出す。交通事故で軽度の身体障害になった女性を、一九八一年の夏、マッターホルン北壁にガイドし、2ビバークの後、登頂に成功したことがあった。ガイドとしての長谷川さんの力量を示すエピソードだと思う。

もう一つ注目したい点は、長谷川さんが「ジュニアアルピニスト・スクール」を開いて、子供たちと一緒に山で生活し、登山の魅力を教え、技術の指導をしていることである。

登山によって少年から青年へ人間的に大きく成長してゆく過程が本書に見事に描かれているが、それをみても、長谷川さんが子供の登山教室に深い関心をもち、その実践に努力していることは、きわめて自然に思われる。

長谷川さんは、アルプス三大北壁の冬季単独登はんに成功すると、さらに目標を南米のアコンカグア（六九五九メートル）におき、次々と計画を高めながら、それらを成功させていった。つまり昭和五十五年の冬季単独登はん、五十六年の夏の南壁登はん、さらに五十六年の南壁冬季単独初登はん、といった具合である。

それはアルプス三大北壁のいわば延長線上の登はんで、高度と壁の長大さを拡大したものであった。と同時にそれはまた、ヒマラヤ八〇〇〇メートル峰への準備でもあった。

長谷川さんは四十八年にエベレストの八三〇〇メートル付近まで登り、五十八年にダウラギリへ、そして五十九年にナンガパルバットと、八〇〇〇メートル峰に遠征している。

ヒマラヤはアルプスやアコンカグアなどと違って、キャラバンを組み、高度順化を行なわねばならない。従って計画はできる限り少人数のアルパイン・スタイルをとるにしても、とにかく資金と日数がかかる。冬季の岩壁登はんに超人的実績をもつ長谷川さんが、ヒマラヤで今後どんな形の登はんを実行するか、大いに期待したい。

それにしてもどうか健康に気をつけ、山で事故を起こすことなく、いつまでも私たちを元気づける登山を続けてほしいものである。そしてまた、ぜひ本書の続篇を書いてくれることをお願いしたい。

ヤマケイ文庫版の解説
「ハセツネ・スピリット」の継承

神長幹雄

本書『岩壁よ　おはよう』は、一九八一年十一月、中央公論社から出版された長谷川恒男の自伝的半生記である。十五歳で初めて山登りに出合ったときから、時系列に沿いながら二十九歳でマッターホルン北壁に挑む直前までを描いた、いわば「青春の書」である。ここでは紙幅の関係から、それ以後の十年間とウルタルⅡ峰の遭難までを駆け足で振り返ってみよう。

当時の長谷川は、一見すると不愛想に見えるが、実はとても饒舌な人だった。特に酒が入って興に乗ると、話し出したら止まらないほどよくしゃべった。一九四七年生まれの、まさにベビーブーマーと言われる「団塊の世代」にあって、自己を主張しなければ、いつのまにか圧倒的な多数のなかに埋没してしまう、そんな世代のひとりだった。だから文章に残して表現することにもこだわりをもっていた。一九七七年から七九年にかけて、世界初の「アルプス三大北壁冬季単独登頂」を成功させて一躍その名が知られるようになると、堰を切ったようにその半生記が出版されるようになった。

本書も、『北壁に舞う』（集英社、一九七九年）に続いて刊行された一冊である。

アルプスからアンデス、そしていよいよ活躍の場をヒマラヤの高峰へと広げることになる。当時のヒマラヤは、八〇〇〇メートル峰の初登頂もすべて達成され、ルートや登り方も、より困難さを追求するアルピニズム本来の姿を指向していた。一九八三年から続くヒマラヤ登山も、初めてのダウラギリこそ北東稜からの登攀だったが、八四年春と秋のナンガ・パルバットは南西稜と中央側稜から単独で、八五年から三回続いたチョモランマは、八八年、八九年の二度にわたる「北東クーロアール」からの挑戦、それも最も厳しい冬季に、バリエーション・ルートから無酸素で挑むという長谷川らしい果敢な試みだった。しかし、そのチョモランマも冬の強風に翻弄されて、八〇〇〇メートルに届くことなく撤退している。

あとになって結果だけを見れば、ヒマラヤではとうとう一度も登頂することがかなわず、どれも敗退している。長らく「アルプス三大北壁冬季単独初登頂」という栄誉がついてまわり、一方のヒマラヤでは「無冠」が続いていただけに、やはり「登頂」の実績はほしかったに違いない。

ちょうどそのころ、ガイド業と登山は車の両輪のようにフル回転するようになり、日本山岳ガイド連盟の設立にも奔走、カルチャーセンターの講師をはじめ十余りの登山グループの世話も焼いていた。そんな目の回るようなスケジュールのなかで、パキスタンの未踏の七〇〇〇メートル峰への誘いを受けることになる。ウルタルII峰、当時、世界第三位の未踏の高峰だった。アプローチが短く、わずかな時間でベースキャンプまで到達できるうえに、ハイ・キャンプ以降は鋭い岩稜と錯綜した稜線を形成し、複雑な登攀の長さと困難さを有する、実に魅力的な難度の高い未踏峰だった。

ことごとく失敗しているヒマラヤの高峰への登頂が、七〇〇〇メートル峰とはいえ、二度目の試みでより現実味を帯びたものとなった。しかも「登頂」に加え、「世界初」の文字まで加わる可能性も高かった。チョモランマでかなえられなかった「見果てぬ夢」が、ようやく手の届くところまできていたのだ。

しかし長谷川は、一九九一年十月、雪崩によって実にあっけなく亡くなってしまった。

＊

長谷川の遭難から二十五年、私は妻の昌美さんらとともに、フンザを基点にウルタルII峰のベースキャンプに長谷川の墓を訪ねたことがあった。ウルタルII峰は厚い雲に覆われていたが、ときどき薄日がさして雲が切れ、レディフィンガーの岩峰だけは垣間見ることができた。同行してくれたフンザの人びとが哀悼のコーランを朗々とした調子で歌い出した。静寂そのもののベースキャンプに哀しい音色が響き渡る。

その旅の帰途、長谷川を誘ってともにウルタルII峰に挑んだ登山家のナジール・サビールと再会し、長谷川の高峰に向かう姿勢を「サムライ・スピリット」と表現してくれた。

長谷川はこれまでも難ルートからの無酸素登頂に強いこだわりをもっていた。初期のころは単独登攀も意識していたようだが、アルプス以降は仲間と一緒に登ることを心底楽しんでもいた。そして酔うと決まって、登山の素晴らしさとともに、登山で自己を表現できる幸せを語っていた。

長谷川の名は、一九九三年から開催されている「長谷川恒男CUP 日本山岳耐久レース」に残されたが、近年トレイルランの人気が急上昇し、彼をまったく知らない世代にも「ハセツネ」の名称だけが一人歩きしている感がある。あえて困難に立ち向かうその姿勢や精神は長谷川の山登りそのものであっただけに、「ハセツネ」の名称とともに、彼のその業績と遺志も次世代に継承され、語り継がれるべきであろう。「ハセツネ・スピリット」として、これからも若い世代に記憶され、生き続けてほしいものである。

（編集者）

長谷川恒男年譜

●一九四七（昭和二十二）年

十二月八日、神奈川県愛甲郡愛川町半原に、父・哲雄、母・コマツの次男として生まれる。父はメリヤス職人で、当時、中津渓谷石小屋キャンプ場付近の村工場に、職業訓練指導員として招かれていた。その後、横浜市西区久保町に転居、ニコニコ商店街のなかに靴店をもつ。

●一九五四（昭和二十九）年

四月　横浜市立保土ヶ谷小学校入学。勉強も先生も大嫌いという小学校生活を過ごす。

●一九六〇（昭和三十五）年

三月　横浜市立保土ヶ谷小学校卒業。

四月　横浜市立岩崎中学校入学。柔道を習いはじめ、町道場に通いだす。新設されたサッカー部に入るが、三カ月で退部。

●一九六三（昭和三十八）年

三月　横浜市立岩崎中学校卒業。

四月　日本コロムビア株式会社に入社。

初夏、三歳年上の兄・博に連れられて、はじめて丹沢に登る。この年、丹沢・奥多摩などの山域を歩く。

●一九六四（昭和三十九）年

四月　神奈川県立神奈川工業高校機械科に入学（定時制）。柔道部に入部。おもに丹沢をひとりで歩く。また、八ヶ岳ではじめて雪山を経験。朝八時に川崎のコロムビアに出社し、仕事が終わると学校に行き、夜九時まで勉強。その後、道場で柔道の稽古、家に帰るのが十二時、寝るのは一、二時という生活をおくる。

●一九六五（昭和四十）年

職場の先輩・安西博氏にすすめられ、日本コロムビア山岳部に入部。丹沢・新茅沢ではじめて岩登りを体験。鷹取山・丹沢での岩登りのトレーニングがはじまる。

●一九六六（昭和四十一）年

五月　はじめて谷川岳一ノ倉沢に入る。烏帽子奥壁南稜ルートを体験中、先輩の遭難に遭う。

九月　谷川岳一ノ倉沢烏帽子奥壁中央カンテで、はじめて転落する（三〇メートル）。

十月　中村弘氏の紹介で、社会人山岳会・霧峰山岳会に入会。

●一九六七（昭和四十二）年

一月　はじめての冬季登攀を五竜岳G2右稜で体験。またこの年、八ヶ岳大同心正面壁（一月）、北岳バットレス、谷川岳一ノ倉沢滝沢第三スラブ、利尻山登山を体験。

●一九六八（昭和四十三）年

三月　神奈川県立神奈川工業高校卒業。

谷川岳一ノ倉沢烏帽子奥壁中央カンテで四五メートル転落、はじめて両手の指に凍傷を負う。母の看護のおかげで切断を免れる。このころより、冬季の登攀に登山の可能性を見いだす。

十一月　霧峰山岳会退会。海谷山塊千丈岳南西壁を試登、はじめてルート開拓を行なう。

●一九六九（昭和四十四）年

二月　谷川岳一ノ倉沢衝立岩からコップ状の正面壁までをめざすが、衝立岩の登攀中、転落（十メートル）。

四月　父・哲雄、死去。

十月　新潟県の明星山の岩壁に新ルートを開拓。南壁右フェースルート初登攀。

●一九七〇（昭和四十五）年

三月　谷川岳一ノ倉沢滝沢ルンゼ状スラブ冬季初登攀。

山を通じて知り合った、山岳会を越えた友人たちとの交流がはじまり、同人『星と嵐』を結成。先鋭的なアルピニズムを追求する戦闘的で自由な集団をめざした（二年後に解散）。

五月　明星山P６フランケ正面壁ルートを開拓。

七月　同山、左壁ルートを開拓。

十一月　同山、右壁右カンテルートを開拓。この年、明星山に三本の新ルートを切り開いた。

日本勤労者山岳連盟の登山学校講師となる。

●一九七一（昭和四十六）年

一月　甲斐駒ヶ岳赤石沢に新ルート開拓。

八月　日本コロムビア退社。古川純一氏の推薦で社団法人日本アルパイン・ガイド協会に入会。公認のガイドとして活動をはじめる。

●一九七二（昭和四十七）年

第Ⅱ次RCCエベレスト登山隊のメンバーになり、翌年のエベレスト行きの準備とトレーニングに励む。また、参加費捻出のため、ガイドの仕事のあいまに、窓ふきのアルバイトや日本団体生命の保険業務を行なう。

●一九七三（昭和四十八）年
第Ⅱ次RCC主催のエベレスト登山隊先発隊員として出発。八カ月ネパールに滞在。エベレストの標高八三五〇メートルまで登山、登頂した加藤保男・石黒久の両隊員をサポートする。

●一九七四（昭和四十九）年
三月　谷川岳一ノ倉沢に残された最後の冬季未踏ルート・滝沢第二スラブの初登攀を単独で行なう。当時、日本に紹介されたピオレトラクション（ダブルアックス）の技術ではじめて登攀。これを機に単独登攀に自らの可能性を見いだす。

●一九七五（昭和五十）年
一月　単独で、冬の穂高岳、屏風岩～奥又白～滝谷～槍ヶ岳～北鎌尾根を二十二日間かけて連続登攀、四本のルートを登る。日本での経験の延長線上に、しだいにヨーロッパ・アルプスの壁が見えはじめる。

●一九七六（昭和五十一）年

四月　川上満子と結婚。山岳ガイドに専念する。

●一九七七（昭和五十二）年

二月　ヨーロッパ・アルプス、マッターホルン北壁シュミットルート（ノーマルルート）冬季単独登攀（二月十四日～十六日登頂。イタリア人ワルター・ボナッティに次いで第二登、日本人としてははじめて）。

ウータンクラブ創設（講習生を中心に結成された、長谷川恒男を名誉会長とする山岳会。オリエンテーリングからヒマラヤまでの登山を活動方針とする）。

●一九七八（昭和五十三）年

三月　アイガー北壁ノーマルルート冬季単独初登攀（三月二日～九日登頂）。

八月　グランドジョラス偵察。

十二月　グランドジョラスにそなえ、長野の岩岳にて、降籏義道氏の指導で山スキーのトレーニング。

●一九七九（昭和五十四）年

三月　アイガー北壁ウォーカー稜冬季単独初登攀（二月二十五日～三月四日登頂）。

十一月　㈱ゴールドウインの技術アドバイザーとなる。

●一九八〇（昭和五十五）年

五月　このころより毎年、韓国・仁寿峰へロック・クライミングに通うようになる。
八月　アンデス・アコンカグア（六九五九メートル）北面ノーマルルート冬季単独初登頂。
十一月　東京・代々木にアルパインガイド長谷川事務所を開設。
十二月　妻・満子と離婚。

●一九八一（昭和五十六）年
二月　アコンカグア南壁フランスルートを吉田政雄氏とともにアルパイン・スタイルで登攀（二月十八日〜二十一日登頂）。その後、パタゴニアを視察。
六月　カナダ太平洋航空（CP）のアウトドアスポーツアドバイザーとなる。
八月　南米大陸最高峰のアコンカグア南壁フランスルートの冬季単独初登攀に成功（八月十三日〜十七日登頂）。ウータンクラブ・アンデス登山隊一九八一の隊長として、四名の隊員とともに出発。八月十日、前衛峰ミラドールを篠宮昌美とともに冬季初登頂）。
十二月　有限会社アルパインガイド長谷川事務所の代表取締役に就任。

●一九八二（昭和五十七）年
二月　パイネの角遠征隊一九八二の隊長として、南米パタゴニアへ出発。フィッツロイ北東壁新ルートを試登。

同月、ウータンクラブ、東京都山岳連盟に加盟。

八月　子どもたちを対象にした第一回ジュニア・アルピニスト・スクール開講（赤岳登頂）。以来一九八六年三月まで、十一回のスクールを開く。

●一九八三（昭和五十八）年

二月　北京にて、一九八五年のチョモランマ登山のため、中国登山協会との間に議定書を交換。
七月　自然を守り安全登山を推める会を組織し代表となる。講演会と技術講習会を兼ねたこの会の第一回は、山梨県・三ツ峠で開催。また、第十回（一九八六年七月）からは、「自然を守り自然に親しむ会」（ＮＡＰＡＬ）と名称を改める。谷川岳・富士山・丹沢・宝剣岳・甲斐駒ヶ岳・金峰山などで、一九九一年まで合計二十回開かれる。
八月　このころより三年間、青森県西津軽郡岩崎村へ通い、白神岳で開かれる教育委員会主催のジュニア・アルピニスト・スクールの講師をつとめる。一九八五（昭和六十）年には、白神岳山頂に、長谷川恒男のアドバイスにより避難小屋を建設。
九月　篠宮昌美と結婚。

同月、ウータンクラブ・ダウラギリ登山隊一九八三の隊長としてネパール・ダウラギリI峰（八一六七メートル）を北東稜よりめざすが、悪天候により七五〇〇メートルの最終キャンプまでで断念。陳親博隊員が下山中、心不全のため死去。
十月　日本勤労者山岳連盟顧問となる。

●一九八四（昭和五十九）年
四月　パキスタン・ナンガパルバット（八一二五メートル）南西稜をアルパイン・スタイルで登るが、悪天候により登頂を断念。
十月　パキスタン・ナンガパルバット中央側稜を単独で登るが、悪天候により頂上直下で登山を断念。

●一九八五（昭和六十）年
八月〜十一月　ウータンクラブ・チョモランマ登山隊一九八五の隊長として、中国・チョモランマ（エベレストの中国名、八八四八メートル）北東稜（隊員による）・北壁を単独で登るため出発。九月、カメラマン・石井慎一隊員が雪崩により遭難、行方不明となる。北壁単独は断念し、全員で北東稜にのぞむが、八三五〇メートルまでで撤退。

●一九八六（昭和六十一）年

二月　国際救命救急協会（ＩＥＭＡ）、評議員となる。
四月　東京・新宿にある朝日カルチャーセンターの「中高年のための山遊び教室」の主任講師となる。
七月　国際救命救急協会、特別賛助会員となる。
同月、有限会社ロープベンチュアサービス、取締役監査役となる。
このころより、ＮＡＰＡＬなどを通じて、長野県長谷村に通い、村おこし運動に協力する。

●一九八七（昭和六十二）年
三月　ウータンクラブ会員、大貫順一・内山廣両名、谷川岳一ノ倉沢滝沢第三スラブで遭難死、捜索・収容隊長として二人を収容する。
五月　ＴＢＳテレビ番組『新世界紀行』制作のため、アメリカ・イエローストーン国立公園でロック・クライミング。
六月〜八月　この時期は、ガイドの仕事で、毎年、韓国、ヨーロッパ・アルプス、穂高岳へ出かける。
九月　社団法人日本アルパイン・ガイド協会の専務理事に就任し、組織編成を行なう。

十月～一九八八年三月　中国・チョモランマ北東稜をめざし、再度出発するが、チベット動乱に巻き込まれ、ベースキャンプ入りが遅れる。そのためルートを変更、新ルートを開拓するため北東クーロワールからピークをめざす。厳冬季の悪天候にさいなまれ断念。この経過は、ＴＢＳテレビ『日曜特集・新世界紀行――厳冬のチョモランマに挑む』で放映。

●一九八八（昭和六十三）年

十月～十二月　中国・チョモランマ北東クーロワールの完登をめざすが、雪崩のため七七五〇メートルで登山を断念。

●一九八九（平成元）年

四月　江戸芸かっぽれ・櫻川ぴん助ファンクラブ「市松睦」の会員となる。

七月　社団法人日本山岳会、高所登山委員会委員となる。

●一九九〇（平成二）年

四月　小田急学会特別会員となる。

同月、屋久島の伝統を今日にいかす「屋久島いとこ」制度の「いとこ」となる。

八月　環境庁の自然公園指導員となる。

同月、日本ヒマラヤン・アドベンチャー・トラスト（ＨＡＴ―Ｊ）設立発起人となる。
九月　社団法人日本キャンプ協会、キャンプ専門講師となる。
九月～十月　ウータンクラブ・カラコルム登山隊一九九一の隊長として、パキスタンの未踏峰ウルタルⅡ峰（七三八八メートル）南西壁を登るため出発。七〇五〇メートル付近まで迫るが、悪天候により登頂を断念。
十月　日本山岳ガイド連盟（ＪＦＡＧＡ）設立、副理事長、技術委員会委員長に就任。国際山岳ガイド連盟加盟のため尽力。

●一九九一（平成三）年

五月　日本スポーツ産業学会会員となる。
九月～十月　パキスタン・ウルタルⅡ峰南西壁を登るため、ウータンクラブ・カラコルム登山隊本隊出発（先発隊は八月十九日出発）。
十月十日　パキスタン・ウルタルⅡ峰登山中、キャンプ1とキャンプ2の中間地点（五三五〇メートル）において、隊員・星野清隆とともに雪崩に巻き込まれ転落死。享年四十三歳。
十月十二日　遺体をベースキャンプに収容、三三六〇メートル地点にイスラム教イスマイリ派のスタイルで埋葬。

十月二十七日　登山隊帰国。東京渋谷・祥雲寺にて遺髪のお迎え式。
十二月八日　東京都青山葬儀所にて、長谷川恒男・星野清隆合同葬。
●一九九三（平成五）年
十月九日　長谷川恒男の名を冠したトレイルランニングレース「第一回 長谷川恒男CUP　日本山岳耐久レース」が開催。以来、日本最大のトレイルランニングレースとして定着している。
●一九九七（平成九）年
十月二十三日　パキスタン・フンザに「ハセガワ・メモリアル・パブリック・スクール」開校。
●二〇一一（平成二十三）年
十月十日　東京・奥多摩、御岳山の長尾平に、長谷川恒男石碑が完成、除幕式を実施。
●二〇一五（平成二十七）年
五月二日、長野県茅野市、美濃戸口の太陽館内に長谷川恒男記念庫を開設。

所属・関連団体
ウータンクラブ、日本山岳会、ＲＣＣⅡ、ラッコの会、横浜ジャストフレンズ、ステップアップハイキングクラブ、朝日山遊会、朝日○○山楽会、エイトマウンテン、ほうけん山の会、穂高の会、シャモニーナイン、きさらぎ会、黒百合山の会、一六会、みずがき会、八百長倶楽部、ロックOB、社団法人日本アルパイン・ガイド協会、有限会社ロープベンチュアサービス、凡地会ほか。

登山装備展示

長谷川恒男記念庫（長野県茅野市玉川11400―664 太陽館）

著書

『北壁に舞う』（一九七九年五月発行、一九八六年七月文庫版発行、集英社）

『北壁』「潮」臨時増刊 緊急グラフ・ドキュメントマガジン（一九七九年六月発行、潮出版社）

『岩壁よ おはよう』（一九八一年一月発行、一九八四年七月文庫版発行、中央公論社）

『北壁からのメッセージ』（一九八四年四月発行、民衆社）

『我が青春の挑戦』（堀江謙一共著、一九八四年七月発行、聖教新聞社）

『プレイバック高校時代』（一九八四年七月発行、福武書店）
『山に向かいて』（一九八七年十月発行、一九九一年二月文庫版発行、福武書店）
写真集『ウルタルII—追悼—長谷川恒男・星野清隆』（一九九一年十二月発行、有限会社アルパインガイド長谷川事務所）
『生きぬくことは冒険だよ』（一九九二年四月発行、一九九八年三月文庫版発行、集英社）

映画および記録フイルム
『北壁に舞う』（一九七九年、北壁に舞う製作委員会、松山善三監督、日本ヘラルド配給）
『ウータンと十二人の仲間・八ヶ岳編』（一九八二年、新映像クリエイティブ制作）
『ウータンと十二人の仲間・穂高滝谷編』（一九八三年、新映像クリエイティブ制作）
文部省選定『長谷川恒男』（一九九三年、有限会社アルパインガイド長谷川事務所制作）

（長谷川昌美 編）

岩壁よ　おはよう

二〇二一年八月五日　初版第一刷発行

著者　長谷川恒男
発行人　川崎深雪
発行所　株式会社　山と溪谷社
郵便番号　一〇一‐〇〇五一
東京都千代田区神田神保町一丁目一〇五番地
https://www.yamakei.co.jp/

■乱丁・落丁のお問合せ先
山と溪谷社自動応答サービス
電話〇三―六八三七―五〇一八
受付時間／十時～十二時、十三時～十七時三十分（土日、祝日を除く）
■内容に関するお問合せ先
山と溪谷社　電話〇三―六七四四―一九〇〇（代表）
■書店・取次様からのお問合せ先
山と溪谷社受注センター　電話〇三―六七四四―一九一九
ファクス〇三―六七四四―一九二七

印刷・製本　株式会社暁印刷
定価はカバーに表示してあります

Printed in Japan ISBN978-4-635-04923-8